特殊教育教师培养系列

特殊教育教师辅助技术
专业能力理论与实践

宋 健 著

图书在版编目(CIP)数据

特殊教育教师辅助技术专业能力理论与实践 / 宋健著. —西安：西安交通大学出版社,2024.5
特殊教育教师培养系列
ISBN 978-7-5693-1929-3

Ⅰ.①特… Ⅱ.①宋… Ⅲ.①特殊教育－师资培训－教材 Ⅳ.①G76

中国国家版本馆 CIP 数据核字(2023)第 018436 号

TESHUJIAOYU JIAOSHI FUZHU JISHU ZHUANYE NENGLI LILUN YU SHIJIAN

书　　名	特殊教育教师辅助技术专业能力理论与实践
著　　者	宋　　健
策划编辑	杨　瑶
责任编辑	张明玥
责任校对	张静静
封面设计	任加盟
出版发行	西安交通大学出版社 (西安市兴庆南路 1 号　邮政编码 710048)
网　　址	http://www.xjtupress.com
电　　话	(029)82668357　82667874(市场营销中心) (029)82668315(总编办)
传　　真	(029)82668280
印　　刷	西安五星印刷有限公司
开　　本	787 mm×1092 mm　1/16　印张 11.125　字数 25.2 千字
版次印次	2024 年 5 月第 1 版　2024 年 5 月第 1 次印刷
书　　号	ISBN 978-7-5693-1929-3
定　　价	79.00 元

如发现印装质量问题,请与本社市场营销中心联系、调换。
订购热线:(029)82665248　(029)82665249
投稿热线:(029)82668502
读者信箱:phoe@qq.com

版权所有　侵权必究

依托项目

2021年铜仁学院博士科研启动基金项目——特殊教育教师专业素养提升路径研究(项目编号:trxyDH2104)

2024年贵州省教育科学规划课题——教育数字化转型下特殊教育教师数字素养提升路径研究(项目编号:2024C057)

2024年铜仁学院一流本科教育专项项目——特殊儿童辅助技术(项目编号:YLBK_2024044)

前言
PREFACE

党的十九大报告提出要"办好特殊教育"。《"十四五"特殊教育发展提升行动计划》的提出也对特殊教育的发展提出了新要求。在特殊教育领域辅助技术占据着重要地位,随着国家越来越重视特殊教育,辅助技术对个别化教育计划的制订与实施、融合教育的发展、特殊教育教师专业能力的提升等方面均有了巨大影响。学校应加强特殊教育教师对辅助技术的学习,让残障学生能利用辅助技术更好地融入学校与社会。

本书采用文献研究法分析特殊教育领域中辅助技术的定义、分类、法律政策支持,以及辅助技术专业能力等相关内容,并通过问卷调查法研究我国特殊教育教师辅助技术专业能力的重要性和现状、特殊教育教师辅助技术专业能力的影响因素,以及特殊教育教师应具备的辅助技术知识和技能。希望本书能为提升特殊教育教师辅助技术专业能力提供理论依据与建议对策。

笔者在编写本书的过程中得到了铜仁学院的大力支持,在此表示衷心的感谢。同时,在本书的撰写过程中笔者参考了大量的著作、论文及网站的研究成果,尽量做到引用规范,以便读者进一步阅读参考,在此向文献作者表示衷心的感谢。但由于笔者水平有限,书中难免有不足之处,请各位同行批评指正!

宋 健

2023 年 3 月

目录

第一章 绪论 …………………………………………………………… 1

    第一节 研究目的 ………………………………………………… 3

    第二节 研究意义 ………………………………………………… 4

第二章 辅助技术概述 ………………………………………………… 5

    第一节 辅助技术的定义 ………………………………………… 7

    第二节 辅助技术的分类 ………………………………………… 14

    第三节 辅助技术相关法律政策支持 …………………………… 33

    第四节 特殊教育教师辅助技术专业能力 ……………………… 42

第三章 特殊教育教师辅助技术专业能力基本情况调查 …………… 69

    第一节 特殊教育教师辅助技术专业能力基本情况调查研究设计 …… 71

    第二节 特殊教育教师辅助技术专业能力基本情况调查研究方法 …… 71

    第三节 特殊教育教师辅助技术专业能力基本情况调查结果 ………… 78

第四章 特殊教育教师辅助技术专业能力讨论及建议 ……………… 131

    第一节 特殊教育教师辅助技术专业能力研究结果讨论 ……… 133

    第二节 特殊教育教师辅助技术专业能力提升对策及建议 …… 136

参考文献 ……………………………………………………………… 139

附录1 特殊教育教师辅助技术专业能力基本情况调查问卷 ……… 145

附录 2　辅助技术专业能力内容效度调查 …………………… 153

附录 3　《特殊教育教师专业标准（试行）》内容 …………… 157

附录 4　辅具的适配案例 …………………………………………… 162

第一章 绪论

第二章　緒論

第一节 研究目的

　　辅助技术指的是利用各种设备、服务和补偿策略来弥补或改善残疾人的功能限制,从而帮助他们更有效地参与社会各个领域的技术。这些技术支持残疾人克服障碍,提高其独立生活的能力,并让他们更好地融入教育、工作和社会活动。

　　在融合教育环境下,合理运用辅助技术不仅能够显著提升残疾学生的学习体验与成效,还能激发他们积极向上的生活态度,成为其个人成长的重要推动力。此外,辅助技术还赋予了特殊教育教师更大的灵活性,使其能够针对残疾学生这一多样化的群体,设计出更加丰富多样的教学方案(Park,et al.,2007)。在作业治疗领域,辅助技术与作业治疗的关联性正在不断增强。这是因为辅助技术作为一种关键的补偿策略,能够克服功能训练中的局限性,使残疾学生更有效地参与社会活动(Lee,et al.,2015)。

　　已有研究明确指出,辅助技术在多个领域的应用中展现出其不可或缺的必要性和重要性(杜静 等,2009)。美国《残疾人教育法(IDEA)》规定,必须向残疾学生提供辅助技术装置和辅助技术服务,以便所有学生都可以通过辅助技术这一手段从教育中受益(Blair,2006)。

　　韩国《特殊教育法》第25条(特殊教育相关服务)第4段规定,各级学校校长要为残疾学生提供各种教具、学习辅助器具、辅助技术装置。《特殊教育法实施规则》第4条(个别化教育支持小组构成)规定,学校要将特殊教育相关服务的内容和方式纳入个别化教育计划。

　　在韩国的特殊教育领域中,辅助技术专家参与残疾学生的个别化教育计划的制订工作,结合残疾学生的长短期目标、课程设置及学校环境,为残疾学生提供合适的辅助技术装置和辅助技术服务(Kim et al.,2003)。韩国一些高校会根据《特殊教育法》为残疾大学生提供学习辅助器具和辅助技术装置,以便残疾大学生参与教育活动(Chung et al.,2019)。

　　在特殊教育领域,支持辅助技术装置或辅助技术服务相关的政策或制度相对完善,但特殊教育教师的辅助技术专业能力有限(Jung et al.,2020)。因此,特殊教育教师缺乏辅助技术方面的专业知识和技能成为阻碍辅助技术装置和辅助技术服务发展的最大问题。在过去的十多年,虽然一些专家已经指出辅助技术服务存在的问题并提出了改进措施,但特殊教育领域的辅助技术服务体系还不是很完善(Han,2020)。因此,有必要在特殊教育领域构建系统的特殊教育辅助技术装置的研究、开发等体系,提高特殊教育工作者辅助技术专业能力。

特殊教育教师在辅助技术方面的专业能力直接关系到残疾学生能否成功使用辅助技术(Yang et al.,2011)。特殊教育教师在辅助技术的实施中有着举足轻重的地位。因此,特殊教育教师必须了解向残疾学生提供辅助技术的优势和使用其的基本方法,并充分了解如何为残疾学生提供合适的辅助技术装置(Park et al.,2007)。作为教育团队的一员,特殊教育教师需要具备辅助技术方面的专业能力,以增强残疾学生的独立性,并提供各种机会使残疾学生能够积极地参与活动(Best et al.,2010)。随着科学技术的进步,每年都有新的辅助技术装置出现,辅助技术也在不断进步。辅助技术的提供应基于准确且系统化的评估,旨在为残疾人提供适合的辅助技术装置和服务,以充分满足其多样化的需要。此外,还应提供包括使用后满意度调查及效果评估在内的后续服务,确保持续优化辅助技术的应用。因此,需要不断完善教育计划以便在不断变化的辅助技术环境中提高特殊教育教师在辅助技术方面的专业能力。在培养特殊教育教师的过程中非常有必要增加其对辅助技术的学习。

第二节　研究意义

目前我国对辅助技术在特殊教育中的研究还处于起步阶段,对特殊教育教师辅助技术专业能力相关研究更是不足。因此,本研究的理论意义与实践意义如下。

一、理论意义

本研究的理论意义有如下几点：

(1)分析特殊教育教师辅助技术专业能力的现状及影响特殊教育教师辅助技术专业能力的因素。

(2)完善特殊教育教师辅助技术服务体系,提高特殊教育教师的辅助技术知识和技能。

(3)提高特殊教育的教学质量,提高特殊教育领域对辅助技术的重视程度。

二、实践意义

本研究的实践意义有如下几点：

(1)提高国内学者对特殊教育辅助技术的重视,拓宽其研究领域。

(2)提高辅助技术这一领域在高校特殊教育专业中的重要程度,增加特殊教育专业学生对辅助技术的兴趣。

(3)提高特殊教育教师辅助技术的知识和技能,从而在教学活动中能够更好地使用辅助技术。

第二章

辅助技术概述

第二章

조선의 농민운동

第一节　辅助技术的定义

一、辅助技术

辅助技术不仅应用于普通教育领域,也应用于特殊教育领域。在特殊教育领域,相关学者正在积极讨论如何利用辅助技术帮助残疾学生实现自我价值,与社会融合。

辅助技术在使用目的和使用对象上与其他技术存在差异。一般来说,特殊教育中的技术可以分为教学技术、辅助技术、医学技术和信息通信技术(Blackhurst et al.,2000)。使用辅助技术的目的是增进、维持或改善功能性技能,使用对象一般为残疾人。

在美国《残疾人教育法》中,辅助技术分为辅助技术装置(assistive technology device,ATD)和辅助技术服务(assistive technology service,ATS)(郑俭 等,2003)。在美国《辅助技术法(ATA)》中辅助技术是用于辅助技术装置和辅助技术服务的技术。辅助技术是残疾人通过各种设备、服务、补偿方法来适配、使用及改善现状的技术(Cook et al.,1995)。辅助技术是为维持或改善残疾人的身体和认知功能而提供支持的辅助技术装置和辅助技术服务。辅助技术也是在日常生活和学习生活中满足残疾学生需求的装置或服务(Kim et al.,2006)。郑俭认为辅助技术是帮助残疾人处理日常生活、学习及工作中的各种问题的重要手段,是残疾人有尊严地生存的基础(杜静,2009)。

郑俭和钟经华将特殊教育辅助技术分为以下几个类型:第一,直接用于儿童课程学习的辅助技术装置和辅助技术服务,比如用于书写、阅读、沟通,以及计算机使用等方面的辅助技术装置;第二,为保障特殊儿童能够参与学习所需的相关服务中涉及的辅助技术与相关服务,比如坐姿、摆位与移动、日常生活、娱乐生活、作业治疗、康复治疗、物理治疗等方面可能涉及的辅助技术;第三,课程教学无障碍和教材无障碍方面的辅助技术,比如盲文教材、语音图书、电子教材、计算机放大屏幕、语音转文字技术等;第四,环境无障碍技术,比如无障碍道路、适用于视障人士或听障人士的标志或警示装置,适用于使用轮椅者的卫生间等(郑俭 等,2015)。

辅助技术对残疾学生具有以下功能:代偿失去的功能、补偿减弱的功能、恢复和改善的功能。首先,代偿失去的功能。比如,肢残人士装配假肢后,可以像健全人一样正常地行走、跑步、骑车等。其次,补偿减弱的功能。比如,听障人士佩戴助听器能够重新听到周围环境的声音。最后,恢复和改善的功能。比如,偏瘫患者能够使用助行器、平行杠等康复训练器具进行训练,恢复其行走功能。辅助技术对残疾学生的用途可以分为以下几个方面:①辅助技术能够成为残疾学生身体的一部分;②辅助技术是残疾学生获得良好教育的必要工具;③辅助技术是使残疾学生全面康复的工具;④辅助技术是残疾学生生活自理的依靠;⑤辅助技术是残疾学生回归社会的桥梁(蒋建荣,2012)。

查阅相关资料发现,辅助技术可以从七个方面进行划分,分别是辅助技术的目的、辅助技术的含量、辅助技术的形态、辅助技术使用的难易程度、辅助技术的功能、辅助技术使用的范围、辅助技术的生产规模(张美雯,2002)。第一,辅助技术按照目的来划分,可以分为康复技术与教育技术。康复技术是指用于补救、矫正或加快康复的技术。教育技术是指用于教导个体发展和提升使用辅助技术技能的方法或工具,如认知训练软件。第二,辅助技术按照技术含量来划分,可分为低端技术与高端技术。低端技术是指制作简单、容易获得、不昂贵的用具,如沟通板、改制的吃饭用具和简单的夹板等。高端技术是指不易制作、昂贵、较不容易获得的用具,如轮椅、电子沟通设备、特配电脑等。第三,辅助技术按照形态来划分,可分为硬技术与软技术。硬技术的主要特征是可以触摸且有实体。软技术是指人类的决定、策略、训练和概念等。第四,辅助技术按照使用的难易程度来划分,可分为设备与工具。设备是指不需要个体有任何技巧加以操作的辅具,如眼镜、夹板、座椅装置等。工具是指需要个体有操作技巧的辅具,如遥控杆、扩大键盘、电子喂食器、盲杖等。第五,辅助技术按照功能来划分,可分为辅助性技术与替代性技术。辅助性技术是指协助或增加功能的技术,如出行困难者使用电动轮椅来独立外出活动。替代性技术是指取代个体失去功能的技术,如一些肢体障碍人使用假肢等。第六,辅助技术按照使用的范围来划分,可分为一般性技术与特殊性技术。一般性技术是指适用范围较广的技术,如坐姿摆位辅具、电脑、控制接口等。特殊性技术是指依照个体的特殊需求而特别设计的技术,如定做的手动或电动轮椅、助听器等。第七,辅助技术按照生产规模来划分,可分为商业化技术与特殊设计的技术。商业化技术是指大量制作的用具,如个人电脑、一般性的轮椅等。特殊设计的技术是指为个人量身定做的用具,如特殊电动轮椅、特殊软件等。特殊设计的技术制作时间较长、难度较高并且价格较为昂贵。辅助技术的总结见表2-1。

表2-1 辅助技术的说明

类型	说明
康复技术	康复技术是指用于补救、矫正或加快康复的技术
教育技术	教育技术是指用于教导个体发展和提升使用辅助技术技能的方法或工具
低端技术	低端技术是指制作简单、容易获得、不昂贵的用具

续表

类型	特征
高端技术	高端技术是指不易制作、昂贵、较不容易获得的用具
硬技术	硬技术的主要特征是可以触摸、有实体
软技术	软技术是指人类所下的决定、策略、训练和概念
设备	设备是指不需要个体有任何技巧加以操作的辅具
工具	工具是指需要个体有操作技巧的辅具
辅助性技术	辅助性技术是指协助或增加功能的技术
替代性技术	替代性技术是指取代个体失去功能的技术
一般性技术	一般性技术是指适用范围较广的技术
特殊性技术	特殊性技术是指依照个体的特殊需求而特别设计的技术
商业化技术	商业化技术是指大量制造的用具
特殊设计的技术	特殊设计的技术是指为个人量身定做的用具

在选择与使用辅助技术时，首先应评估使用者的能力和需求，以及想要达到的教学和功能目标。尽量选择相对经济实用，不需操作技巧和特别设计维修的低端技术、一般性技术、商业化技术，并且尽量使用最小替代性技术让使用者能够更多地运用自己的能力。

目前，有很多人经常将辅助技术和通用学习设计混淆，但从辅助技术和通用学习设计的概念上来分析，二者是不同的(Johnston et al.,2007)。第一，辅助技术是为个别学生特别设计的，而通用学习设计则适用于具有多种学习需求的更广范围的学生。第二，辅助技术是为了满足给定课程的期待而被一名学生使用，但是通用学习设计是建立一个有多种需求的学生可以接触的课程。第三，辅助技术一般由特殊教育教师实施，但通用学习设计由普通教师来实施。

学校在为残疾学生制订个别化教育计划时，也要特别考虑残疾学生是否需要辅助技术装置和辅助技术服务。主要考量的依据包括：①长短期教育目标，学生为达成教育目标所需的辅助技术装置；②相关服务，学生接受相关服务训练时所需的辅助技术装置，或是针对学生所使用的辅具为其进行的训练；③补偿性的协助与服务，要使学生能在最少限制环境下参与学习，在IEP（个别化教育计划）中也得考量此部分学生所需的辅助技术装置与辅助技术服务。此外还要考量学校人员所需的支持、评估的调整，以及转衔服务的需求(吴婷芳，陈明聪，2000)。

辅助技术包括辅助技术装置和辅助技术服务两部分。辅助技术装置是指用于改善、提高、维持和增强残疾人功能的辅助性设备或装置。辅助技术服务是指在协助残疾人选择、购买或使用辅助技术装置时提供的服务,这种服务既包括直接性或间接性的服务,还包括与之相关的支持模式。

二、辅助技术装置

辅助技术装置,又称辅助技术装备、辅助用具、辅助器具、辅助工具、辅助器材、辅助技术设备等。辅助技术装置是专门为改善功能障碍者所面临的问题而构想和利用的装置、服务、策略和训练。它是用来改善、维持和增强残疾人功能的产品系统。此类装置能够解决残疾人在日常生活、工作、娱乐和生活自理中遇到的问题,是能给残疾人提供更多的参与性,使残疾人有更多的控制力或忍耐力,获得更多的娱乐和自主能力的装置。辅助技术装置既可以是一件物品,也可以是一个产品系统,这些装置可以是改造的、定制的或直接购买的,用它来提高、保障和促进残疾人独立生活(黄存泉,2011)。

辅助技术装置是经过特别设计或改造的工具、物品和生产系统,旨在改进、维护和增强残疾人的功能(Blair,2006)。简而言之,这些装置包括已经商业化的设备,以及通过创造新设备或改造现有物品来改变、维持或扩展残疾人功能的产品。辅助技术装置可以分为两大类:一类是用于信息访问、通信的工具和办公辅助设备,这些产品满足残疾人在职业生活中的需求;另一类是新制造或从现有产品改造而来的定制辅助设备(Jeong,2018)。在选择辅助技术装置时,应综合考虑其使用目的、使用要求、环境可达性、工程因素、易用性、培训条件和维护条件等因素(Bryant et al.,2011)。使用辅助技术装置的核心是通过增强能力而非治愈残疾来提高个体的独立性,从而提升生活质量(Erdem,2017)。随着独立生活能力的提高,残疾人的就业机会也随之增加,这对于他们能够进行日常生活和社交活动至关重要(Kim et al.,2012)。

山内繁先生在"老年人和残疾人辅助技术研讨会"上对其对于辅助器具与医疗器械的看法进行了整理与补充,从服务对象、服务目的、服务性质、使用方式、使用时间、设计特色、购买特点和经济特色等8个方面进行了辅助器具和医疗器械的差异分析(朱图陵等,2006),具体内容见表2-2。

表2-2 辅助器具与医疗器械的区别

项目	辅助器具	医疗器械
服务对象	残疾人、老年人	病人、患者
服务目的	改善功能障碍、提高生活质量	治病和挽救生命

续表

项目	辅助器具	医疗器械
服务性质	福利服务	医疗服务
使用方式	多为个人专用	多为公用
使用时间	个人长期使用	短期轮流使用
设计特色	个性化	通用化
购买特点	多为个人购买	多为机构购买
经济特色	尽量便宜	昂贵

三、辅助技术服务

辅助技术服务是指直接帮助残疾人选择、购买和使用辅助技术装置的所有服务。辅助技术服务包括：①测量与评估残疾人对辅助技术的需求；②购买、租赁或其他获得辅助技术装置的方法；③辅助技术装置的选择、设计、调整、定做、修改、申请、维修、替换；④协调与辅助技术装置相关的必要治疗、介入、服务、使用；⑤对残疾人或其他重要服务者的训练与技术协助；⑥提供专业人员（包括教育和康复服务者）、雇主或其他提供服务者的训练与技术协助。从辅助技术服务的内涵出发，特殊教育系统的工作需从对残疾学生所处环境的需求评估入手，以此来评量残疾学生对于辅助技术装置的使用需求。在明确需求后，进一步协助残疾学生挑选适合的辅助技术装置。当残疾学生获取辅助技术装置后，若该装置的使用较为复杂，那么就需要为学生精心安排相应的训练方案（吴婷芳 等，2000）。

辅助技术服务还涉及推动有利于辅助技术利用的法规政策的建立与完善，提高社会对辅助技术的认识和接受度，培养高水平的辅助技术开发人员和服务人员，以及开展辅助技术的开发研究和服务利用研究等方面。辅助技术服务提供者涉及不同的机构和个人，其中包括由政府支持的专门面向公众的辅助技术服务机构、医院的康复机构、具有辅助技术评估适配能力与资格的个人从业者。此外，涉及辅助技术服务的机构包括早期干预机构、基础教育机构与高等教育机构。高等教育机构除了要为残疾大学生提供辅助技术服务之外，还需承担辅助技术专业研究与人才培养的任务。在高等教育中，与辅助技术装置相关的专业包括康复与技术、康复工程、辅助技术工程等，与辅助技术服务有关的专业通常包括康复与技术、康复咨询、作业治疗、物理治疗、特殊教育、特殊教育辅助技术、言语与语言治疗等（郑俭 等，2015）。

虽然辅助技术服务包含各种活动，但教师主导的活动主要是对辅助技术的评估。特殊教育教师借助辅助技术评估这一重要手段，能够为残疾学生选择合适的辅助技术。为了开展辅助技术评估工作，往往需要先组建专门的评估小组，评估小组成员一般包含教育厅代表、普通教师和特殊教育教师、作业治疗师、语言治疗师、康复治疗师、学校计算机协调者、辅助技术专家等，必要的情况下还要有残疾学生本人及其家长。例如普通教师和特殊教育教师可以帮助团队确认哪种辅助技术能对残疾学生有所帮助；语言治疗师可以负责评估特殊儿童的语言功能，并决定哪种辅助技术可以改善其社会交往能力；物理治疗师可以负责评估使用该辅助技术需要哪些方法及如何安置残疾学生使其得到最佳的效果；学校计算机协调者可以协助取得软硬件设备并教残疾学生和学校人员使用方法；辅助技术专家负责整个流程；残疾学生本人及其家长可以说明在家庭环境使用辅助技术的情况。一般来说辅助技术评估的内容包括辅助技术评估的准备、辅助技术评估的实施、评估书的制作。特殊教育教师为了能够更好地指导残疾学生，需掌握必要的辅助技术相关知识和技能。同时，特殊教育教师为残疾学生准备资料时，应充分熟悉各类辅助技术装置的使用方法(Ryu,2016)。

　　辅助技术评估团队对于残疾学生的辅助技术评估流程大致可以分为五个步骤(吴亭芳 等,2000)：第一是评估残疾学生的需求，可以通过档案资料、与残疾学生和家长进行访谈，来搜集残疾学生日常生活情况、学校学习情况、是否有使用过辅助技术装置的经验与成效等。第二是评估残疾学生的能力，包括对残疾学生的感官知觉、肢体动作、认知功能、语言功能等进行评估。第三是根据残疾学生的需求及能力来选择适合的辅助技术装置，列出多个可能的方案，与团队成员、家长讨论后，再决定申请或购买哪种辅助技术装置。第四是训练残疾学生使用辅助技术装置并做好记录，引导残疾学生尝试使用，并记录是否有需要再做修改与调整。第五是定期追踪残疾学生使用状况，以评估真正使用的成效，并根据实际情况对辅助技术装置做调整。

　　辅助技术服务支持模式有如下几种，其具体内容如下。

　　能力增强、代替、辅助(ABC)模式：认为虽然辅助技术具有帮助所有人的普遍价值，但对于残疾人和老人，以及身体不方便的人来说，辅助技术已经超越了普遍价值的范畴，成为必要的手段。ABC模式强调服务对象通过辅助技术能够增强、代替、辅助自身缺失的能力。例如，当视障人士看不清文字时，可以通过放大镜等辅助器具来增强自己的视觉能力等。该模式因其在康复和治疗过程中的决策便捷性而受到认可，它能够迅速帮助专业人士识别和应对患者的情绪和行为反应。然而，在实际操作层面，与其他模式相比，ABC模式在辅助技术的应用上较少，存在一定的局限性(Lewis,1993)。

　　人体工程适应方程模式(BBEE)模式：帮助辅助技术使用者在给定的任务中取得成

功的要素,它包括动机、身体能力、认知能力、语言能力、时间压力等。该模式强调,在成功运用辅助技术的过程中,最关键的地方在于以最小的能力投入,最大限度地发挥个人和集体的专业能力,以实现最大的效果(King,1999)。但是该模型在描述环境与支持等因素时有一定的局限性。

人类活动辅助技术(HAAT)模式:强调考量四个因素,情境、人、活动及辅助技术。人类活动辅助技术模式定义的辅助技术系统是指个人在一特定情境下,利用辅助技术装置完成应执行的活动。此模式充分反映了活动与环境的特质会影响人的表现。情境包括场所、社会情境、文化情境、物理情境四个范畴。人是执行此系统的身心障碍者。活动是该模式的基本要素,也是该模式运作的起始点,它包括日常生活活动、工作和生产活动、游戏和休闲活动。

人与辅助技术适配(MPT)模式:强调周围环境、个人及技术的整合,三者整合得密切与否关系到辅助技术应用的成效。该模式以辅助技术使用者为中心,利用结构化的评估过程与评估量表,探讨如何让个人与技术、环境达到最有效结合。人与辅助技术适配模式不仅可以评估个案需要的辅助技术,也可以评估辅助技术介入的成效。

学生、任务、环境和工具模式(SETT)模式:强调在思考残疾学生辅助技术需求时,应同时从学生、环境、任务,以及工具四个层面加以思考并搜集相关资料,以协助个别化教育计划团队成员做总体考量。目前该模式无论是在教育领域还是在特殊教育领域里都得到了广泛应用。在该模式下进行辅助技术适配,首先要搜集学生的个人信息、学生所处的日常生活环境及其必须完成的任务,然后在对这些信息分析的基础上识别问题,明确学生的特点和需要,最后将学生的特点、需要与潜在的可用辅助技术适配,并由此形成辅助技术解决方案。该模式给出了四个要素中需要考虑的基本问题,并给出了帮助辅助技术评估适配的辅助技术识别和选择的SETT表,为学生信息的搜集、环境信息的搜集、学生任务的设置,以及辅助技术适配决策提供了方向,降低了评估、适配和决策的难度,保障了适配评估的质量(郑俭 等,2015)。

人、自然环境和技术模式(ETP)模式:把评估的流程分成六个阶段加以考量,每个阶段包含一连串的问题,目的是将辅助技术的评量整合于学生的个别化教育计划中。

国际功能、残疾和健康分类(ICF)模式:强调从多个方面来衡量一个人的健康状况,可简单分为身体功能与结构、活动表现、角色参与、环境与个人因素等四个部分。第一,身体功能与结构指的是解剖生理机能;第二,活动表现指的是某情境下个体需要展现的能力,如移动肢体或说话的能力;第三,角色参与是指生活中的角色扮演,如学生、子女;第四,环境与个人因素包含个人所处的物理和社会文化环境及生活形态。该架构重视个人执行功能的程度,同时考量情境对个人功能表现的影响。

第二节　辅助技术的分类

从各种辅助技术信息系统采用的辅助技术来看，目前国内外对于辅助技术的分类还没有统一的标准。本节将从多个方面来介绍辅助技术的分类。

2014年，民政部正式颁布了《中国康复辅助器具目录》，这是我国首次颁布统一的康复辅助器具目录。近年来，在以习近平同志为核心的党中央高度重视和决策部署下，我国康复辅助器具产业实现跨越式发展，康复辅助器具新技术、新产品、新业态不断涌现，市场环境及需求也已发生新变化，现行目录已无法满足社会发展需要，修订《中国康复辅助器具目录》是新时代新征程康复辅助器具产业高质量发展的必然要求。《中国康复辅助器具目录（2023年版）》自2020年9月启动修订工作以来，历时三年多完成，与2014年发布的《中国康复辅助器具目录》相比增加了551个。主要涵盖12个主类、101个次类、432个支类、1490个品名举例产品，具体内容见表2-3。

表2-3　中国康复辅助器具目录

主类	次类
矫形器和假肢	脊柱和颅部矫形器(11)、腹部矫形器(4)、上肢矫形器系统(13)、下肢矫形器(9)、上肢假肢(11)、下肢假肢(11)、不同于假肢的假体(7)、矫形鞋(5)
个人移动辅助器具	单臂操作助行器(6)、双臂操作助行器(5)、助行器配件(11)、车辆配件和车辆适配件(1)、替代机动车(1)、自行车(2)、手动轮椅车(5)、动力轮椅车(5)、替代人力车(3)、转移和翻身辅助器具(5)、升降人的辅助器具(7)、导向辅助器具(2)
个人生活自理和防护辅助器具	肢体功能障碍者衣服和鞋(5)、穿着式身体防护辅助器具(8)、稳定身体的辅助器具(2)、穿脱衣服的辅助器具(4)、如厕辅助器具(10)、气管造口护理辅助器具(2)、肠造口护理辅助器具(5)、身体功能障碍者护肤和洁肤产品(2)、排尿装置(7)、尿便收集器(6)、尿便吸收辅助器具(8)、防止大小便失禁(不自主流出)的辅助器具(2)、清洗、盆浴和淋浴辅助器具(8)、修剪手指甲和脚趾甲的辅助器具(2)、护发辅助器具(2)、牙科护理辅助器具(1)、面部护理和皮肤护理辅助器具(1)、性活动辅助器具(2)
家庭和其他场所的家具和适配件	肢体功能障碍者桌(1)、肢体功能障碍者坐具(1)、肢体功能障碍者坐具配件(7)、身体功能障碍者床(5)、支撑手栏杆和扶手杆(1)、家庭和其他场所的结构构件(2)、垂直运送辅助器具(6)、家庭和其他场所的安全设施(2)、辅助肢体功能障碍者储藏用家具(1)、报警、指示、提醒和发信号辅助器具(7)、阅读辅助器具(5)、视力功能障碍者计算机和终端设备(1)、身体功能障碍者计算机输入设备(4)、视力功能障碍者计算机输出设备(4)

续表

主类	次类
沟通和信息辅助器具	助视器(4)、助听器(6)、发声辅助器具(1)、视力功能障碍者绘画和书写辅助器具(7)、视力功能障碍者计算辅助器具(3)、记录、播放和显示视听信息的辅助器具(4)、面对面沟通辅助器具(3)、电话传送(信息)和远程信息处理辅助器具(4)
个人医疗辅助器具	呼吸辅助器具(9)、循环治疗辅助器具(2)、预防瘢痕形成的辅助器具(2)、身体控制和促进血液循环的压力衣(1)、光疗辅助器具(3)、给药辅助器具(1)、身体、生理和生化检测设备及材料(6)、认知测试和评估材料(3)、刺激器(6)、热疗或冷疗辅助器具(2)、防压疮辅助器具(5)、知觉训练辅助器具(3)、脊柱牵引辅助器具(3)、运动、肌力和平衡训练的设备(10)
技能训练辅助器具	沟通治疗和沟通训练辅助器具(2)、替代增强沟通训练辅助器具(5)、失禁训练辅助器具(1)、认知技能训练辅助器具(8)、基本技能训练辅助器具(6)、教育课程训练辅助器具(4)、艺术训练辅助器具(2)、社交技能训练辅助器具(3)、输入器件控制及操作产品和货物的训练控制辅助器具(5)、日常生活活动训练辅助器具(3)
操作物品和器具的辅助器具	操作容器的辅助器具(2)、操控设备的辅助器具(6)、远程控制辅助器具(2)、协助或代替臂部功能、手部功能、手指功能或他们的组合功能的辅助器具(7)、延伸取物辅助器具(1)、固定用辅助器具(2)、搬运和运输辅助器具(1)
环境改善和评估的辅助器具	改善环境辅助器具(5)
家务辅助器具	准备食物和饮料的辅助器具(5)、清洗盘子(碗)的辅助器具(1)、食饮辅助器具(7)
就业和职业训练辅助器具	工作场所的家具和装饰元素(1)、工作场所固定、探取、抓握物品的辅助器具(2)、工作场所健康保护和安全的辅助器具(2)
休闲娱乐辅助器具	玩耍辅助器具(2)、运动辅助器具(9)、身体功能障碍者手工工艺工具、材料和设备(2)

注：括号内表示件数。

《中国康复辅助器具目录》坚持实用性和系统性的原则，在遴选我国目前生产、供应和使用的所有康复辅助器具品种的基础上，又针对康复辅助器具品种繁多且极具个性化的特点，按不同功能障碍者的实际需求进行了归纳与分类。这使得《中国康复辅助器具目录》包括了视力残疾、听力残疾、肢体残疾、言语残疾、智力残疾、精神残疾和多重残疾等各类残疾人、步行活动困难者、部分或完全不能生活自理的老年人、康复期的伤病人等所需要的康复辅助器具。此外，《中国康复辅助器具目录》也涉及社会交往、工作、生活、学习的各个领域，包括无障碍设计、日常生活活动、职业技能训练和娱乐等。《中国康复辅助器具目录》的发布对于规范康复辅助器具市场、保障功能障碍者权益、推动行业发展具有十分重要的意义。《中国康复辅助器具目录》的分类编排,参照了国家最新《医疗器械分类目录》的编排方式,目录主类编号对照见表2-4。

表2-4 目录主类编号对照表

本目录编号	主类名称	国标主类编号
01	矫形器和假肢	06
02	个人移动辅助器具	12
03	个人生活自理和防护辅助器具	09
04	家庭和其他场所使用的家具和适配件	18
05	沟通和信息辅助器具	22
06	个人医疗辅助器具	04
07	技能训练辅助器具	05
08	操作物品和器具的辅助器具	24
09	环境改善和评估的辅助器具	27
10	家务辅助器具	15
11	就业和职业训练辅助器具	28
12	休闲娱乐辅助器具	30

研究者考虑到作为《康复辅助器具分类和术语》基础的 ISO 9999:2011 已被 ISO 9999:2016 取代,新的标准将辅助产品分为 12 个主类、132 个次类和 801 个支类。具体来看,测量、支持、训练或替代身体机能的辅助产品分为 17 个次类和 64 个支类;教育和技能训练辅助产品分为 11 个次类和 51 个支类;支撑神经肌肉骨骼或有关运动功能而附加到身体的辅助产品(矫形器)和替代解剖结构而附加到身体的辅助产品(假肢)分为 8 个次类和 110 个支类;自理活动和自我参与的辅助产品分为 19 个次类和 131 个支类;为活动和参与的个人移动及转移辅助产品分为 16 个次类和 105 个支类;家务活动和参与家庭生活的辅助产品分为 6 个次类和 50 个支类;在室内和室外人造环境里支持活动的家具、固定装置和其他辅助产品分为 12 个次类和 76 个支类;沟通和信息管理辅助产品分为 14 个次类和 92 个支类;控制、携带、移动和操作物体及器具的辅助产品分为 9 个次类和 40 个支类;控制、调整或测量物质环境元件的辅助产品分为 2 个次类和

17个支类;用于工作活动和参与就业的辅助产品分为9个次类和42个支类;娱乐和休闲辅助产品分为9个次类和24个支类,见表2-5。

表2-5 ISO9999:2016主类名称及次类和支类数

编码	主类	次类	支类
04	测量、支持、训练或替代身体机能的辅助产品	17个	64个
05	教育和技能训练辅助产品	11个	51个
06	支撑神经肌肉骨骼或有关运动功能而附加到身体的辅助产品(矫形器)和替代解剖结构而附加到身体的辅助产品(假肢)	8个	110个
09	自理活动和自我参与的辅助产品	19个	131个
12	为活动和参与的个人移动及转移辅助产品	16个	105个
15	家务活动和参与家庭生活的辅助产品	6个	50个
18	在室内和室外人造环境里支持活动的家具、固定装置和其他辅助产品	12个	76个
22	沟通和信息管理辅助产品	14个	92个
24	控制、携带、移动和操作物体及器具的辅助产品	9个	40个
27	控制、调整或测量物质环境元件的辅助产品	2个	17个
28	用于工作活动和参与就业的辅助产品	9个	42个
30	娱乐和休闲辅助产品	9个	24个
	共计12个	132个	801个

2020年3月21日,中国残疾人康复协会康复工程与辅助技术专家委员会,以及中国残疾人辅助器具中心共同组织专家,经过广泛征求意见与多次研讨,结合我国各个地区残疾人辅助器具服务实际编制《残疾人基本辅助器具指导目录(2020版)》。《残疾人基本辅助器具指导目录(2020版)》发布后引起行业广泛关注,取得了良好成效。内蒙古、辽宁、陕西等17个省(自治区)以《残疾人基本辅助器具指导目录(2020版)》为指导,切实推动了本省(自治区)残疾人辅助器具补贴制度建设和适配服务工作开展。为进一步促进残疾人辅助器具保障制度建设,推动残疾人辅助器具行业发展和科学管理,加强对残疾人辅助器具产品和服务规范化引导,不断满足残疾人多样化、个性化、专业化的辅助器具服务需求,中国残疾人康复协会康复工程与辅助技术专业委员会和中国残疾人辅助器具中心联合各地反映的实际情况,共同广泛征求意见,组织专家审定,修订形成了《残疾人基本辅助器具指导目录(2021版)》。

《残疾人基本辅助器具指导目录(2021版)》涵盖了9个主类、56个次类、132件辅助器具,其中9个主类分别是个人医疗辅助器具(4个次类、8件辅助器具)、技能训练辅助器具(6个次类、11件辅助器具)、矫形器和假肢(6个次类、6件辅助器具)、个人生活自理和防护辅助器具(7个次类、14件辅助器具)、个人移动辅助器具(9个次类、31件辅助器具)、家务辅助器具(2个次类、4件辅助器具)、家庭和其他场所的家具和适配件(7个次类、11件辅助器具)、沟通和信息辅助器具(10个次类、36件辅助器具)、操作物品和器具的辅助器具(5个次类、11件辅助器具),具体内容见表2-6。

表2-6 残疾人基本辅助器具指导目录(2021版)

主类	次类
个人医疗辅助器具	给药辅助器具,身体、生理和生化检测设备及材料,保护组织完整性辅助器具,运动、肌力和平衡训练的设备
技能训练辅助器具	沟通治疗和沟通训练辅助器具,替代增强沟通训练辅助器具,认知技能训练辅助器具,基本技能训练辅助器具,社交技能训练辅助器具,输入器件控制及操作产品和货物训练辅助器具
矫形器和假肢	脊柱和颅部矫形器,上肢矫形器,下肢矫形器,上肢假肢,下肢假肢,矫形鞋
个人生活自理和防护辅助器具	稳定身体的辅助器具,穿脱衣服的辅助器具,如厕辅助器具,尿便收集器,清洗、盆浴和沐浴辅助器具,修剪手指甲和脚指甲辅助产品,护发辅助器具
个人移动辅助器具	单臂操作助行器,双臂操作助行器,车辆配件和车辆适配件,自行车,手动轮椅车,动力轮椅车,转移和翻身辅助器具,升降人的辅助器具,导向辅助器具
家务辅助器具	预备食物和饮料的辅助器具,食饮辅助器具
家庭和其他场所的家具和适配件	桌,坐具,坐具配件,床,支撑手栏杆和扶手杆,家庭和其他场所的结构构件,垂直运送辅助器具
沟通和信息辅助器具	助视器,助听器,绘画和书写辅助器具,记录、播放和显示试听信息的辅助器具,面对面沟通辅具,报警、指示、提醒和发信号辅助器具,阅读辅助器具,计算机和终端设备,计算机输入设备,计算机输出设备
操作物品和器具的辅助器具	操作容器的辅助器具,操控设备的辅助器材,协助或代替臂部功能、手部功能、手指功能或他们的组合功能的辅助器具,延伸取物辅助器具,固定用辅助器具

《残疾人基本辅助器具指导目录》2020版和2021版对比结果见表2-7。

表 2-7 《残疾人基本辅助器具指导目录》2020 版和 2021 版对比

主类	2020 版		2021 版	
	次类	件数	次类	件数
个人医疗辅助器具	4	7	4	8
技能训练辅助器具	6	11	6	11
矫形器和假肢	6	6	6	6
个人生活自理和防护辅助器具	6	12	7	14
个人移动辅助器具	9	30	9	31
家务辅助器具	2	4	2	4
家庭和其他场所的家具和适配件	7	9	7	11
沟通和信息辅助器具	10	34	10	36
操作物品和器具的辅助器具	5	10	5	11
合计	55	123	56	132

我国《残疾军人康复辅助器具配置目录》将辅助器具分为 96 项，其中假肢 30 项、矫形器 40 项、移动辅助器具 12 项、生活自理类辅助器具 7 项、信息交流辅助器具 4 项、其他辅助器具 3 项，具体内容见表 2-8。

表 2-8 残疾军人康复辅助器具配置目录

	名称
假肢 （30 项）	单指假手指、装饰性假手、索控机械式腕离断假肢、装饰性腕离断假肢、肌电手腕离断假肢、索控机械式前臂假肢、装饰性前臂假肢、双自由度肌电手前臂假肢、单自由度肌电手前臂假肢、装饰性肘离断假肢、装饰性上臂假肢、索控机械式肘离断假肢、双自由度肌电手电动肘上臂假肢、索控机械式上臂假肢、足套式假半足、装饰性肩部假肢、足部假肢（包括赛姆假肢）、小腿假肢接受腔、组件式膝部假肢、组件式小腿假肢、大小腿假肢硅胶套锁具、大小腿假肢硅胶套（选配件）、大腿假肢接受腔、组件式髋部假肢、组件式大腿假肢、假鼻、假眼、假耳、假乳房、假发
矫形器 （40 项）	手指动态矫形器、手指固定托、掌指动态矫形器、掌指静态矫形器、腕手动态矫形器、腕手静态矫形器、夹持矫形器、对掌矫形器、上臂（肘肩）矫形器、前臂（肘腕手）矫形器、全臂（肩肘腕手）矫形器、肩外展矫形器（肩外展支架）、肩锁关节脱位用矫形器、颈胸矫形器、平衡式前臂矫形器（BFO）、胸腰骶矫形器、颈托、脊柱过伸矫形器、弹性围腰、硬性围腰、矫形鞋垫、单小架鞋、矫形鞋、单大架鞋、双小架鞋、双大架鞋、金属支条式踝足矫形器、膝踝足矫形器、免荷式踝足矫形器、碳纤螺旋式踝足矫形器、膝踝足矫形器、髋膝踝足免荷式矫形器、膝矫形器、膝关节限位矫形器、髋外展矫形器、单侧髋人字矫形器、膝踝足矫形器、髋膝踝足矫形器、双侧髋人字矫形器、截瘫行走矫形器

续表

名称	
移动辅助器具（12项）	肘支撑拐、腋支撑拐、手杖、轮式助行器（带座）、助行器（室内型）、移乘架（包括移乘板）、道路型三轮轮椅车、偏瘫轮椅、普通型轮椅、电动四轮轮椅车、道路型电动三轮轮椅车、盲杖
生活自理类辅助器具（7项）	防褥疮床垫、站立架、供氧器（制氧机）、防褥疮坐（靠）垫、坐便辅助器、护理床、集尿器
信息交流辅助器具（4项）	耳背式助听器、耳道式助听器、耳内式助听器、光学助视器
其他辅助器具（3项）	全口假牙、失禁报警器、半口假牙

我国《工伤保险辅助器具配置目录》将辅助器具列为60项，其中假肢18项、矫形器21项、生活类辅助器具10项、其他辅助器具11项，具体内容见表2-9。

表2-9 工伤保险辅助器具配置目录

名称	
假肢（18项）	假手指、部分手假肢、索控式腕离断假肢、装饰性腕离断假肢、索控式前臂假肢、装饰性前臂假肢、装饰性肘离断假肢、前臂肌电假肢、装饰性上臂假肢、索控式肘离断假肢、索控式上臂假肢、装饰性肩离断假肢、部分足假肢、赛姆假肢、组件式小腿假肢、组件式大腿假肢、组件式膝离断假肢、组件式髋离断假肢
矫形器（21项）	动态型手指矫形器、静态型手指矫形器、动态型掌指矫形器、静态型掌指矫形器、动态型腕手矫形器、静态型腕手矫形器、前臂（肘腕手）矫形器、肩外展矫形器、上臂（肘肩）矫形器、弹性围腰、颈托、胸腰骶矫形器、颈胸矫形器、固定式踝足矫形器、脊柱过伸矫形器、硬性围腰、矫形鞋、膝矫形器、功能式踝足矫形器、膝踝足矫形器、髋膝踝足免荷式矫形器
生活类辅助器具（10项）	坐便椅、肘杖、腋杖、手杖、轮式助行器、框式助行器、高靠背轮椅、普通轮椅、手摇三轮车、盲杖
其他辅助器具（11项）	耳内式助听器、耳背式助听器、耳道式助听器、光学助视器、假眼、假鼻、假耳、假乳房、假发、全口假牙、半口假牙

北京市残疾人辅助器具综合服务（2022）收录了国内外上千件辅具，并将这些辅具按照残疾类型分为肢体类辅具、视力类辅具、听力言语类辅具和精神智力类辅具，而肢体类辅具分为个人移动类辅具、个人生活自理和防护辅具、下肢假肢、上肢假肢、矫形器、康复辅具；视力类辅具分为沟通和信息生活类辅具、生活辅助类辅具；听力言语类辅具分为沟通和信息类辅具、生活辅助类辅具；精神智力类辅具分为安全类辅具、生活类辅具。具体内容见表2-10。

表 2-10　北京市残疾人辅助器具综合服务(2022)中辅助器具的分类

目录	次类(件数)	支类(件数)
肢体类辅具	个人移动类辅具(449)	普通轮椅(102)、活扶手轮椅(42)、高靠背轮椅(37)、运动式生活轮椅(29)、电动轮椅(室内型)(84)、手摇三轮车(1)、驾车辅助装置-单手制动和加速迁(4)
	个人生活自理和防护辅具(336)	多功能护理床(24)、防压疮床垫(32)、防压疮坐垫(48)、坐便椅(28)、洗浴椅/凳(36)、接尿器(7)、便盆(5)、围腰(33)、护理用品(83)、轮椅靠垫(9)、生活自助具(肢体类)(23)、楔形垫(4)、床边桌(3)、马桶增高器(1)
	下肢假肢(240)	足部假肢(13)、塞姆假肢(17)、小腿假肢(74)、膝部假肢(36)、大腿假肢(72)、髋部假肢(28)
	上肢假肢(108)	手部假肢(11)、腕离断假肢(13)、前臂假肢(26)、肘离断假肢(18)、上臂假肢(26)、肩部假肢(14)
	矫形器(154)	足矫形器(14)、矫形鞋(15)、腕手矫形器(14)、脊柱矫形器(19)、踝足矫形器(38)、膝踝足矫形器(26)、膝部矫形器(19)、髋矫形器(9)
	康复辅具(16)	儿童站立架(4)、儿童坐姿保持装置(5)、儿童坐姿保持椅(2)、分指板(2)、爬行架(2)、梯背椅(1)
视力类辅具	沟通和信息生活类辅具(47)	手持式电子助视器(11)、台式电子助视器(8)、放大软件(2)、盲杖(5)、光学放大镜(9)、盲用手表(3)、听书机(2)、盲用电脑软件(3)、盲用手机软件(1)、盲用文具(1)、语音血压计(2)
	生活辅助类辅具(1)	防溢报警器(1)
听力言语类辅具	沟通和信息类辅具(262)	助听器(196)、电话闪光震动警示器(1)、调频系统接收装置(5)、人工耳蜗装置(24)、人工耳蜗言语处理器升级(9)、助听器电池(27)
	生活辅助类辅具(5)	震动闹钟(5)
精神智力类辅具	安全类辅具(3)	防走失腕表(3)
	生活类辅具(22)	生活自助具(22)

2020年,韩国教育部发布的《特殊教育辅助技术装置运营清单》将辅助技术的种类分为6大类,分别是视觉和听觉及写作支持类辅助技术、沟通支持类辅助技术、计算机使用支持类辅助技术、移动支持类辅助技术、姿势维持支持类辅助技术、日常生活支持类辅助技术。其中,视觉和听觉及写作支持类辅助技术包括视觉支持辅助技术、听觉支持辅助技术、书写支持辅助技术;计算机使用支持类辅助技术包括计算机输入支持辅助技术、计算机输出支持辅助技术;姿势维持支持类辅助技术包括起立维持支持辅助技

术、坐姿维持支持辅助技术、平躺维持支持辅助技术;日常生活支持类辅助技术包括排便支持辅助技术、清洁支持辅助技术、饮食支持辅助技术,见表 2-11。

表 2-11 韩国教育部支持辅助技术的种类

种类	分支
视觉和听觉及写作支持类辅助技术	视觉支持辅助技术
	听觉支持辅助技术
	书写支持辅助技术
沟通支持类辅助技术	—
计算机使用支持类辅助技术	计算机输入支持辅助技术
	计算机输出支持辅助技术
移动支持类辅助技术	—
姿势维持支持类辅助技术	起立维持支持辅助技术
	坐姿维持支持辅助技术
	平躺维持支持辅助技术
日常生活支持类辅助技术	排便支持辅助技术
	清洁支持辅助技术
	饮食支持辅助技术

2020 年,韩国保健福祉部发布的《辅助器具品种分类》中将辅助器具分为 3 大类、13 个主类、132 个次类和 787 个支类,其中,3 大类分别是生命活动辅助器具、矫形器与假肢、日常生活辅助器具。首先生命活动辅助器具分为 2 个主类,一是测量、支持、训练或替代身体机能的辅助产品,分为 17 个次类和 64 个支类;二是自理活动和自我参与的辅助产品,分为 8 个次类和 48 个支类。其次矫形器与假肢有 1 个主类,是支撑神经肌肉骨骼或有关运动功能而附加到身体的辅助产品(矫形器)和替代解剖结构而附加到身体的辅助产品(假肢),分为 8 个次类,113 个支类。最后日常生活辅助器具分为 10 个主类,分别为教育和技能训练辅助产品,分为 11 个次类和 51 个支类;自理活动和自我参与的辅助产品,分为 11 个次类和 83 个支类;为活动和参与的个人移动及转移辅助产品,分为 16 个次类和 98 个支类;家务活动和参与家庭生活的辅助产品,分为 6 个次类和 45 个支类;在室内和室外人造环境里支持活动的家具、固定装置和其他辅助产品,分为 12 个次类和 75 个支类;沟通和信息管理辅助产品,分为 14 个次类和 89 个支类;控制、携带、移动和操作物体及器具的辅助产品,分为 9 个次类和 38 个支类;用于控制、调

整或测量物质环境元件的辅助产品,分为 2 个次类和 17 个支类;工作活动和参与就业的辅助产品,分为 9 个次类和 42 个支类;娱乐和休闲辅助产品,分为 9 个次类和 24 个支类,见表 2-12。

表 2-12　韩国辅助器具品种分类

分类	编码	主类	次类	支类
生命活动辅助器具	04	测量、支持、训练或替代身体机能的辅助产品	17 个	64 个
	09	自理活动和自我参与的辅助产品	8 个	48 个
矫形器与假肢	06	支撑神经肌肉骨骼或有关运动功能而附加到身体的辅助产品(矫形器)和替代解剖结构而附加到身体的辅助产品(假肢)	8 个	113 个
日常生活辅助器具	05	教育和技能训练辅助产品	11 个	51 个
	09	自理活动和自我参与的辅助产品	11 个	83 个
	12	为活动和参与的个人移动及转移辅助产品	16 个	98 个
	15	家务活动和参与家庭生活的辅助产品	6 个	45 个
	18	在室内和室外人造环境里支持活动的家具、固定装置和其他辅助产品	12 个	75 个
	22	沟通和信息管理辅助产品	14 个	89 个
	24	控制、携带、移动和操作物体及器具的辅助产品	9 个	38 个
	27	用于控制、调整或测量物质环境元件的辅助产品	2 个	17 个
	28	工作活动和参与就业的辅助产品	9 个	42 个
	30	娱乐和休闲辅助产品	9 个	24 个
共计 13 个			132 个	787 个

美国辅助技术信息数据库将辅助技术分为 20 类,其中包括日常生活辅助技术、盲与低视力辅助技术、沟通辅助技术、电脑辅助技术、控制辅助技术、聋与重听辅助技术、聋盲双残辅助技术、教育辅助技术、环境调整辅助技术、家庭维持辅助技术、矫形器类辅助技术、假肢类辅助技术、娱乐类辅助技术、安全与保险类辅助技术、座椅类辅助技术、治疗类辅助技术、交通工具类辅助技术、步行类辅助技术、轮椅移动类辅助技术、工作场所类辅助技术。美国辅助技术信息数据库又将辅助技术体系层层细分,每一类下面又分为若干支类,每一支类下面又分为多个小类,这些小类有 35 000 种左右。

美国辅助技术公共网提供了按辅助技术产品的功能和残疾人的活动划分的两种分类方式。首先按辅助技术产品的功能分类的大类包括协调动作与操作物品、健康、听觉、保持姿势或改变摆位、心理功能、移动、口腔动作或吞咽、视觉、感知气味与味道、触摸与疼痛、语言与言语。其次按活动分类的大类包括日常生活活动、沟通、信息与标志、计算机与外围设备、家具与房屋的调适、健康与医药、操纵物品、个人移动、个人组织与测量、娱乐与体育等。该分类体系通过功能和活动两种分类方式提供了与其他系统不同的完整的辅助技术产品呈现方式，使用户又多了一个查询辅助技术产品的通道（郑俭等，2015）。

辅助技术装置与辅助技术服务在实施过程中，需要充分考虑诸多事项，包括残疾学生的类型、需求，以及他们所处的学习环境、安置环境和活动环境等。由于这些因素的复杂性和多样性，不同的机构对于辅助技术的分类也存在着一定的差别。例如，美国辅助技术研究机构（national assistive technology research institute，NATRI）、威斯康星州辅助技术机构（Wisconsin assistive technology initiative，WATI）、华盛顿辅助技术联盟（Washingtou assistive technology alliance，WATA）等机构参考残疾学生的身体与认知的特征、能力的需求，以及家庭、学校和社区环境等条件将辅助技术进行分类，具体内容见表2-13。

表2-13 NATRI、WATI、WATA辅助技术分类内容

机构	内容	
NATRI（2003）	能够支持基本生活的日常生活支持辅助技术	
	能够支持旅行与移动的辅助技术	
	能够支持改造周围环境的辅助技术	
	能够支持或替代沟通的辅助技术	
	能够保护身体和维持姿势的辅助技术	
	能够支持教育与辅助技术	
	能用于运动、娱乐生活的辅助技术	
WATI（2003）	写作、阅读、数学	沟通
	休闲与娱乐	日常生活
	移动	环境适应与控制
	摆姿与坐姿	视觉与听觉
WATA（2003）	日常生活支持	辅助与替代沟通系统
	计算机使用与获取	环境调整系统
	家庭与操作场环境改造	坐姿
	利用动物支持服务	听力支持器具
	交通手段与移动支持装置	辅助与医疗装置

辅助技术除了上面提到的可按功能和活动进行分类外,还可以按用途将辅助技术分为移动类辅助技术、训练类辅助技术、生活类辅助技术、教育类辅助技术、信息类辅助技术、就业类辅助技术和娱乐类辅助技术。此外还可以根据辅助技术的复杂程度来分类,将辅助技术分为高端技术、中端技术与低端技术。

黄存泉(2011)提到在班级中可能会需要以下几类辅助器具:电脑输入、写作、阅读、学习等,具体内容见表2-14。

表2-14 班级中需要的辅助器具

辅具类型	举例	学生什么时候需要它
电脑输入	文字预览、开关、语音合成软件、替代性键盘、点选设备等	当学生呈现学术报告,他不能用正常的形式去输入时
写作	纸和笔的握笔器、软件、改造的纸等	当学生用笔来写作或者创作有困难时
辅助性沟通(AAC)	沟通板、眼睛注视板、语音输出装置、语音合成装置等	当周围人不能听明白他的话时
阅读	翻书器、电子书、点读笔、文字扫读机等	当一个人阅读有困难时
学习	录音材料、浏览器、图片计划卡等	当学生理解几门课有困难时或者是他奋力完成功课可还是要费很多时间时
数学	计算器、语音输出计算装置、数字线、报时钟等	当学生努力跟上数学课程依然很费力时
视力	眼镜、大字书、读屏软件、布莱尔盲文等	当一个学生弱视或者全盲时
听力	笔和纸、信号装置、助听器、电话接收装置等	当学生重听或者完全听不到时

辅助器具按照使用人群分类可以分为视觉障碍人士使用的辅具、听觉障碍人士使用的辅具、智力障碍人士使用的辅具、肢体障碍人使用的辅具等。

视觉障碍人士使用的辅具一般可分为视觉增强辅具和视觉替代辅具,其中视觉增强辅具还可分为光学性视觉障碍辅具和非光学性视觉障碍辅具,具体内容见表2-15。

表 2-15　视觉障碍人士使用的辅具分类内容

分类		内容
视觉增强辅具	光学性视觉障碍辅具	助视器(眼镜式助视器、放大镜式助视器、望远镜式助视器、佩戴式助视器、远近两用助视器、台式电子助视器、笔记本电脑助视器、便携式电子助视器等)
		放大镜(眼镜式放大镜、手持式放大镜、额式放大镜、立式放大镜、镇纸式放大镜、胸挂式放大镜、薄膜式放大镜、落地式放大镜、台灯式放大镜等)
		其他(阅读帽、闭路电视助视器、三棱镜、平面反光镜、滤色镜、滤光镜、人工电子眼等)
	非光学性视觉障碍辅具	大字体物体、照明灯具、色彩对比分明的辅具、阅读架、裂口器、浮标满杯提示器
视觉替代辅具		有声读物、盲文点显器、读屏软件、语音计算器、盲杖、电子导盲装置、计时辅助器具

听觉障碍人士使用的辅具一般可分为听觉增强辅具和听觉替代辅具，其中听觉增强辅具中最常见的就是助听器和人工耳蜗以及 FM 调频系统，具体内容见表 2-16。

表 2-16　听觉障碍人士使用的辅具分类内容

分类		内容
听觉增强辅具	助听器	按照形状划分：耳背式助听器、盒式助听器、耳内式助听器、深耳道式助听器、耳道式助听器
		按照传导方式划分：骨导式助听器、气导式助听器
	人工耳蜗	
	FM 调频系统	
听觉替代辅具		视觉报警器、电视字幕解码器、遥控闪光门铃、震动闹铃、烟雾传感器、湿度传感器、压力传感器、爆炸传感器等

智力障碍人士使用的辅具一般可分为生活自助类辅具、清洁沐浴类辅具、阅读书写类辅具、特殊家具类辅具和休闲娱乐类辅具，其中生活自助类辅具还可以分为进食类辅具和穿着类辅具，具体内容见表 2-17。

表 2-17 智力障碍人士使用的辅具分类内容

分类	内容	
生活自助类辅具	进食类辅具	乐餐筷、轻便勺、固定辅助带、儿童乐餐叉、餐盘护围、防撒盘
	穿着类辅具	穿脱方便的室内鞋、护理裤、成年人高腰裤、透明拉锁环
清洁沐浴类辅具	便携式洗浴升降装置、洗浴用品盒、漩涡式洗浴设备外带担架、可以升降的洗浴池	
阅读书写类辅具	通用握套、握笔器	
特殊家具类辅具	多功能康复床	
休闲娱乐类辅具	药剂定时器、牙膏挤压器、指甲剪	

肢体障碍人士使用最多的辅具有假肢、矫形器、助行器、拐杖和轮椅。

假肢可以按截肢部位、功能、材料、接受腔材料、安装时间、假肢结构形式分类，具体内容见表 2-18。

表 2-18 假肢分类内容

分类方式	内容	
按截肢部位分类	上肢假肢	部分手假肢、腕离断假肢、前臂假肢、肘离断假肢、上臂假肢、肩离断假肢
	下肢假肢	半足假肢、塞姆假肢、小腿假肢、膝离断假肢、大腿假肢、髋离断假肢
按功能分类	装饰性假肢、工具性假肢、功能性假肢（体力外源假肢、体力内源假肢）、游泳假肢、运动假肢、特殊用途假肢	
按材料分类	合金钢假肢、不锈钢假肢、钛合金假肢、碳纤假肢	
按接受腔材料分类	合成树脂假肢、板材假肢、皮革假肢、木假肢、铝假肢	
按安装时间分类	术后即装假肢、临时假肢、正式假肢	
按假肢结构形式分类	壳式（外骨骼）结构假肢、骨骼式（内骨骼）结构假肢	

矫形器按照国际标准可分为上肢矫形器、躯干矫形器和下肢矫形器,并依据矫形器所应用部位的关节名称来命名。

首先,上肢矫形器可分为手指矫形器、手矫形器、腕手矫形器、肘矫形器、肘腕手矫形器、肩矫形器、肩肘矫形器、肩肘腕手矫形器,具体内容见表2-19。

表2-19 上肢矫形器分类内容

名称	分类
手指矫形器:全部或部分的手指	指关节屈曲辅助矫形器、指关节伸展辅助矫形器、指关节固定矫形器、掌关节伸展辅助矫形器、掌关节屈曲辅助矫形器、掌关节固定矫形器
手矫形器:腕关节以下,全部或部分手	—
腕手矫形器:肘关节以下,包含腕关节和手部	固定型腕手矫形器、短对掌矫形器、长对掌矫形器、夹持矫形器
肘矫形器:肩关节以下,腕关节以上,跨过肘关节	支条式肘矫形器、定位盘锁定式铰链的肘矫形器、固定式肘矫形器
肘腕手矫形器:肩关节以下,肘关节、腕关节,包含手部	—
肩矫形器:肘关节以上,跨过肩关节	肩锁关节脱位用矫形器、肩外展矫形器、霍曼型矫形器
肩肘矫形器:腕关节以上,跨过肩关节	—
肩肘腕手矫形器:跨过肩关节、肘关节、腕关节,包含手部	—

其次,躯干矫形器可分为颈椎矫形器、头颈椎矫形器、骶椎矫形器、腰骶矫形器、胸腰骶矫形器、颈胸腰骶椎矫形器、头颈胸椎矫形器,具体内容见表2-20。

表2-20 躯干矫形器分类内容

名称	分类
颈椎矫形器:全部或部分颈椎段	软式颈托、钢丝围领式颈托、费城颈托、充气式颈托
头颈椎矫形器:胸椎以上,跨过颈椎段,包含头部	—
骶椎矫形器:骨盆部位	大转子带、骶椎带、硬性骶椎矫形器
腰骶椎矫形器:包含腰椎和骨盆部位	软性腰围、硬性腰骶椎矫形器、奈特型腰骶椎矫形器、威廉斯型腰骶椎矫形器

续表

名称	分类
胸腰骶椎矫形器：包含胸椎、腰椎和骶骨	半硬性胸腰骶椎矫形器、模塑式胸腰骶椎矫形器、框架式胸腰骶椎矫形器、框架式腰椎过伸胸腰骶椎矫形器、固定式胸腰骶椎矫形器、背姿矫正带
颈胸腰骶椎矫形器：包含颈椎、胸椎、腰椎和骶骨	波士顿脊柱侧凸矫形器、大阪医大型脊柱侧凸矫形器、色努型脊柱侧凸矫形器、密尔沃基型脊柱侧凸矫形器、软性脊柱侧凸矫形器
头颈胸椎矫形器：包含头部、颈椎、胸椎	硬质颈胸椎矫形器、支条式颈胸矫形器、头环式颈椎矫形器

最后，下肢矫形器可分为足矫形器、踝足矫形器、膝矫形器、膝踝足矫形器、髋矫形器、髋膝矫形器、髋膝踝足矫形器，具体内容见表2-21。

表 2-21　下肢矫形器分类内容

名称	分类
足矫形器：踝关节以下的足部	补高鞋、矫形鞋、鞋垫（足托）
踝足矫形器：膝关节以下，包含足部	金属踝足矫形器、塑料踝足矫形器、髌韧带承重型踝足矫形器
膝矫形器：髋关节以下，踝关节以上，跨过膝关节	护膝、膝屈曲矫形器、十字韧带损伤型膝矫形器、固定式膝矫形器、膝关节角度可调的膝矫形器、膝反屈矫形器
膝踝足矫形器：髋关节以下，膝关节，踝关节，包含足部	外套型大腿矫形器、足下垂型大腿矫形器、带膝部调节杆的矫形器、固定式大腿矫形器、矫正用大腿矫形器、坐骨承重型大腿矫形器
髋矫形器：膝关节以上，跨过髋关节	固定式髋矫形器、髋外展矫形器
髋膝矫形器：踝关节以上，跨过髋关节和膝关节	—
髋膝踝足矫形器：跨过髋关节、膝关节、踝关节，包含足部	带有腰椎矫形器的双大腿矫形器、坐骨承重与免荷的髋膝踝足矫形器、截瘫步行器

助行器可分为框式助行器、轮式助行器、平台式助行器、儿童助行器。具体内容见表2-22。

表 2-22　助行器分类内容

名称	内容	分类
框式助行器	要求使用者双手功能较好,可以双手抓起助行器放在正前方,然后双脚前行。此类助行器的使用者双脚短时间的支撑能力较好,但是单边支撑能力较差	普通助行器、前轮助行器、交叉进步式助行器、助起式助行器
轮式助行器	要求使用者手功能一般,但是单脚承重能力较好。此类助行器使用时较框式助行器较简单,稳定性与安全性较低	两轮式助行器、三轮式助行器、四轮式助行器、四轮式助行推车
平台式助行器	让使用者手部支撑、前臂支撑或者胸部支撑,肌耐力不佳的患者可以使用此类辅助器具	普通台式助行器、臂托平台式助行器、平台式助行器、吊带平台式助行器
儿童助行器	适用于肢体障碍儿童	轮式助行器、特殊型助行器

拐杖可分为腋杖、手杖、肘杖、前臂支撑杖,具体内容见表 2-23。

表 2-23　拐杖分类内容

名称	内容	分类
腋杖	一种腋下支撑式的移动类辅助器具,可以用木材制成,也可以用铝合金材料制成。稳定性好、但比较笨重。适用于上肢支撑力较强、握力较好、下肢功能严重障碍且手杖无法提供足够稳定功能者,比如双下肢假肢、脑卒中、偏瘫等肢体障碍人	固定式腋杖、可调式腋杖
手杖	一种手握式的移动类辅助器具,可以用木材自制,也可以用铝合金材料制成。适用于截瘫、偏瘫等肢体障碍人	普通手杖、助站手杖、座椅手杖、三脚手杖、四脚手杖
肘杖	一种手握式且套在肘间起支撑作用的移动类辅助器具,通常为铝合金材料制成。适用于肱三头肌肌力减弱的肢体障碍人,下肢肌力减退、肌肉萎缩等下肢负重障碍人及截肢者	普通肘杖、四肢肘杖
前臂支撑杖	一种前臂支撑式的移动类辅助器具,通常用铝合金材料制成。适用于稳定性和持久性都较差的脑瘫患者	前臂支撑杖(直柄)、前臂支撑杖(弯柄)

轮椅可分为普通型轮椅、运动轮椅、手摇轮椅、功能性轮椅、单侧驱动轮椅、电动轮椅、机动轮椅，具体内容见表 2-24。

表 2-24 轮椅分类

名称	内容	分类
普通型轮椅	最普通、最常见的一款轮椅	固定式硬座轮椅、固定式软座轮椅
运动轮椅	仅用于运动过程中，且根据运动项目的不同，使用的轮椅也不同，不仅形态各异，功能更是不同。此类轮椅的轮子都是斜挂式的，因此具有较好的稳定性和安全性	篮球轮椅、网球轮椅、乒乓球轮椅、竞速轮椅、舞蹈轮椅
手摇轮椅	完全靠手的驱动来实现轮椅的位移。可以通过调整角度和距离来降低使用难度	立摇式前驱动轮椅、平摇式后驱动轮椅、立摇式后驱动轮椅、推拉式后驱动轮椅
功能性轮椅	根据附件形状、安装位置、材质的不同，轮椅的功能也不同，每一类都是为使用者的特定需求而设计	具有斜/梯形扶手轮椅、具有活动扶手轮椅、具有活动脚踏支架轮椅、具有制动装置轮椅、具有腿托轮椅、具有头枕轮椅、具有六轮轮椅、增大摩擦力手圈轮椅
单侧驱动轮椅	一般指靠单侧身体某个部位操控的轮椅，此类轮椅适合偏瘫型肢体障碍者；利用其较好一侧手部的某些功能来驱动轮椅，可以是单手旋转驱动手圈，也可以是单手推拉手杆。对单手旋转驱动手圈的使用者要求手臂力气大	手动驱动轮椅、单侧推杆驱动轮椅
电动轮椅	在传统手动轮椅的基础上，叠加高性能动力驱动装置、智能操纵装置、电池等部件，改造升级而成的轮椅	室内型电动轮椅、庭院型电动轮椅、道路型电动轮椅、功能型电动轮椅
机动轮椅	一般用于长距离的移行，可分为山地用和平地用两种。但耗时耗能较多，因此对能源的要求较高，对使用者的体力也有要求	—

除此之外，辅具还包括休闲娱乐辅具和运动训练辅具。

首先，休闲娱乐辅具可以分为球类运动辅具、游戏类辅具、娱乐类辅具、休闲类辅具，具体内容见表 2-25。

表 2-25 休闲娱乐辅具分类

名称	分类
球类运动辅具	室内足球、室内篮球、室内排球、室内网球、乒乓球、保龄球、门球
游戏类辅具	体操棒和抛物球、旱冰壶、飞镖
娱乐类辅具	套圈、康乐球、平衡球、钓鱼具、游戏台、投掷器具、扑克牌支架、大棋子围棋、盲人象棋、盲人军旗、盲人扑克牌、盲人五子棋、大标识扑克牌
休闲类辅具	编制工艺用具、园艺辅助器具

康复训练辅具可以分为运动训练辅具和作业训练辅具。

运动训练辅具可分为上肢训练辅具、下肢训练辅具、综合训练辅具、平衡及步行训练辅具、治疗训练辅具、儿童肌力及关节训练辅具、儿童平衡及步行训练辅具、综合治疗训练辅具，具体内容见表 2-26。

表 2-26 运动训练辅具分类

名称	分类
上肢训练辅具	肩关节回旋训练器、肩梯、上肢推举训练器、前臂旋转训练器、腕关节旋转器、系列哑铃、肩抬举训练器、滑轮吊环训练器、肘关节牵引器、腕关节屈伸训练器、复式强拉力器、体操棒与抛接球、手指肌力训练桌
下肢训练辅具	下肢康复训练器、髋关节旋转训练器、股四头肌训练器、踝关节背屈训练器、踝关节矫正板、重锤式髋关节训练器、股四头肌训练板、踝关节屈伸训练器、踝关节训练器、踏步器
综合训练辅具	肋木、组合运动训练器、功能牵引网架、胸背部矫正运动器、划船运动器、系列沙袋、站立架、胸背部矫正运动器、弧形腹肌训练器
平衡及步行训练辅具	平衡杠、辅助步行训练器、训练用阶梯、矫正镜、平衡板、步行训练用斜板、抽屉式阶梯
治疗训练辅具	训练床、组合套凳、组合软垫、PT（物理治疗）训练床、PT 凳、楔形垫
儿童肌力及关节训练辅具	儿童肋木、儿童坐式踏踩器、重锤式髋关节训练器、坐式踝关节训练器、分指板、儿童液压踏步器、股四头肌训练椅、儿童沙袋
儿童平衡及步行训练辅具	儿童平行杠、儿童站立架、儿童安全椅、儿童蹦跳器、爬行架、儿童扶梯、坐姿矫正椅、儿童梯椅、儿童滚筒
综合治疗训练辅具	钻滚筒、训练球系列、训练滑梯、钻笼、球浴、手动起立床

作业训练辅具可分为精细动作训练辅具、粗大动作训练辅具、综合治疗训练辅具、儿童认知/感知类训练辅具、儿童组合拼装类训练辅具、儿童手眼协调类训练辅具、儿童粗大动作训练辅具,具体内容见表2-27。

表2-27 作业训练辅具分类

名称	分类
精细动作训练辅具	上肢协调功能练习器、手指功能训练器、铁棍插板、手指阶梯、上肢协调功能练习器、橡筋手指练习器、木插板、手指插球器
粗大动作训练辅具	分指板、套圈、可调式沙磨台、堆杯、腕部功能训练器
综合治疗训练辅具	几何图形插件、OT(作业治疗)桌、手平衡协调训练器、认知图形插件、OT综合训练工作台
儿童认知/感知类训练辅具	儿童图形认知组件、仿真水果、大算盘、认知玩具、分类盒、宝宝鞋
儿童组合拼装类训练辅具	认知拼装积木、认知拼装图片、穿衣拼图、几何体阶梯、拼图积木、认知拼装图片、拼字母游戏
儿童手眼协调类训练辅具	多功能学习车、字母列车、智慧盒、螺母组合、串珠架、数字平台组、大迷宫、捶球训练器、分解游戏、五色金塔、跳棋、手眼协调圈、训练套圈、立体四子棋、接珠游戏、串珠筒、路径棋、儿童工作台
儿童粗大动作训练辅具	可调式沙磨台

综上所述,辅助技术按照残疾类型划分可分为视觉障碍人使用的辅助技术、听觉障碍人使用的辅助技术、肢体障碍人使用的辅助技术、智力障碍人使用的辅助技术等;同时,还可以按照辅助技术的功能及用途划分为日常生活类辅助技术、信息通信辅助技术、教学辅助技术、移动类辅助技术、计算机辅助技术、娱乐与休闲辅助技术、职业类辅助技术等。

第三节 辅助技术相关法律政策支持

一、我国相关法律政策对辅助技术的支持

我国的《中华人民共和国残疾人保障法》《中华人民共和国残疾人教育条例》《残疾预防和残疾人康复条例》《工伤保险条例》从各个方面强调了辅助技术的重要性及如何对辅助技术进行支持。

(一)《中华人民共和国残疾人保障法》对辅助技术的支持

《中华人民共和国残疾人保障法》中从总则(第四条)、康复方面(第二十条)、教育方面(第二十一条、第二十六条、第二十九条)、劳动就业方面(第三十八条)、文化生活方面(第四十三条)、社会保障方面(第四十八条、第五十条)、无障碍环境方面(第五十二条、第五十三条、第五十四条、第五十五条、第五十七条)、法律责任方面(第六十六条)都直接或者间接强调了辅助技术的重要性及对于辅助技术的支持等相关内容。

在第一章(总则)中,国家采取辅助方法和扶持措施,对残疾人给予特别扶助,减轻或者消除残疾影响和外界障碍,保障残疾人权利的实现(第四条)。

在第二章(康复)中,政府有关部门应当组织和扶持残疾人康复器械、辅助器具的研制、生产、供应、维修服务(第二十条)。

在第三章(教育)中,国家保障残疾人享有平等接受教育的权利。各级人民政府应当将残疾人教育作为国家教育事业的组成部分,统一规划,加强领导,为残疾人接受教育创造条件。政府、社会、学校应当采取有效措施,解决残疾儿童、少年就学存在的实际困难,帮助其完成义务教育。各级人民政府对接受义务教育的残疾学生、贫困残疾人家庭的学生提供免费教科书,并给予寄宿生活费等费用补助;对接受义务教育以外其他教育的残疾学生、贫困残疾人家庭的学生按照国家有关规定给予资助(第二十一条)。残疾幼儿教育机构、普通幼儿教育机构附设的残疾儿童班、特殊教育机构的学前班、残疾儿童福利机构、残疾儿童家庭,对残疾儿童实施学前教育。初级中等以下特殊教育机构和普通教育机构附设的特殊教育班,对不具有接受普通教育能力的残疾儿童、少年实施义务教育。高级中等以上特殊教育机构、普通教育机构附设的特殊教育班和残疾人职业教育机构,对符合条件的残疾人实施高级中等以上文化教育、职业教育。提供特殊教育的机构应当具备适合残疾人学习、康复、生活特点的场所和设施(第二十六条)。政府有关部门应当组织和扶持盲文、手语的研究和应用,特殊教育教材的编写和出版,特殊教育教学用具及其他辅助用品的研制、生产和供应(第二十九条)。

在第四章(劳动就业)中,国家保护残疾人福利性单位的财产所有权和经营自主权,其合法权益不受侵犯。在职工的招用、转正、晋级、职称评定、劳动报酬、生活福利、休息休假、社会保险等方面,不得歧视残疾人。残疾职工所在单位应当根据残疾职工的特点,提供适当的劳动条件和劳动保护,并根据实际需要对劳动场所、劳动设备和生活设施进行改造。国家采取措施,保障盲人保健和医疗按摩人员从业的合法权益(第三十八条)。

在第五章(文化生活)中,政府和社会采取下列措施,丰富残疾人的精神文化生活:①通过广播、电影、电视、报刊、图书、网络等形式,及时宣传报道残疾人的工作、生活等情况,为残疾人服务;②组织和扶持盲文读物、盲人有声读物及其他残疾人读物的编写和出版，根据盲人的实际需要，在公共图书馆设立盲文读物、盲人有声读物图书室；③开办电视手语节目，开办残疾人专题广播栏目，推进电视栏目、影视作品加配字幕、解说；④组织和扶持残疾人开展群众性文化、体育、娱乐活动，举办特殊艺术演出和残疾人体育运动会，参加国际性比赛和交流；⑤文化、体育、娱乐和其他公共活动场所，为残疾人提供方便和照顾。有计划地兴办残疾人活动场所（第四十三条）。

在第六章（社会保障）中，各级人民政府对生活确有困难的残疾人，通过多种渠道给予生活、教育、住房和其他社会救助。县级以上地方人民政府对享受最低生活保障待遇后生活仍特别困难的残疾人家庭，应当采取其他措施保障其基本生活。各级人民政府对贫困残疾人的基本医疗、康复服务、必要的辅助器具的配置和更换，应当按照规定给予救助。对生活不能自理的残疾人，地方各级人民政府应当根据情况给予护理补贴（第四十八条）。县级以上人民政府对残疾人搭乘公共交通工具，应当根据实际情况给予便利和优惠。残疾人可以免费携带随身必备的辅助器具。盲人持有效证件免费乘坐市内公共汽车、电车、地铁、渡船等公共交通工具。盲人读物邮件免费寄递。国家鼓励和支持提供电信、广播电视服务的单位对盲人、听力残疾人、言语残疾人给予优惠。各级人民政府应当逐步增加对残疾人的其他照顾和扶助（第五十条）。

在第七章（无障碍环境）中，国家和社会应当采取措施，逐步完善无障碍设施，推进信息交流无障碍，为残疾人平等参与社会生活创造无障碍环境。各级人民政府应当对无障碍环境建设进行统筹规划，综合协调，加强监督管理（第五十二条）。无障碍设施的建设和改造，应当符合残疾人的实际需要。新建、改建和扩建建筑物、道路、交通设施等，应当符合国家有关无障碍设施工程建设标准。各级人民政府和有关部门应当按照国家无障碍设施工程建设规定，逐步推进已建成设施的改造，优先推进与残疾人日常工作、生活密切相关的公共服务设施的改造。对无障碍设施应当及时维修和保护（第五十三条）。国家采取措施，为残疾人信息交流无障碍创造条件。各级人民政府和有关部门应当采取措施，为残疾人获取公共信息提供便利。国家和社会研制、开发适合残疾人使用的信息交流技术和产品。国家举办的各类升学考试、职业资格考试和任职考试，有盲人参加的，应当为盲人提供盲文试卷、电子试卷或者由专门的工作人员予以协助（第五十四条）。公共服务机构和公共场所应当创造条件，为残疾人提供语音和文字提示、手语、盲文等信息交流服务，并提供优先服务和辅助性服务。公共交通工具应当逐步达到无障碍设施的要求。有条件的公共停车场应当为残疾人设置专用停车位（第五十五条）。国家鼓励和扶持无障碍辅助设备、无障碍交通工具的研制和开发（第五十七条）。

在第八章（法律责任）中，违反本法规定，新建、改建和扩建建筑物、道路、交通设施，不符合国家有关无障碍设施工程建设标准，或者对无障碍设施未进行及时维修和保护造成后果的，由有关主管部门依法处理（第六十六条）。

(二)《中华人民共和国残疾人教育条例》对辅助技术的支持

《中华人民共和国残疾人教育条例》中从义务教育方面(第十六条)、学前教育方面(第三十二条)、普通高级中等以上教育及继续教育方面(第三十六条)、条件保障方面(第四十九条、第五十条、第五十五条)都直接或间接强调了辅助技术的重要性以及对于辅助技术的支持等相关内容。

在第二章(义务教育)中,县级人民政府应当根据本行政区域内残疾儿童、少年的数量、类别和分布情况,统筹规划,优先在部分普通学校中建立特殊教育资源教室,配备必要的设备和专门从事残疾人教育的教师及专业人员,指定其招收残疾儿童、少年接受义务教育;并支持其他普通学校根据需要建立特殊教育资源教室,或者安排具备相应资源、条件的学校为招收残疾学生的其他普通学校提供必要的支持。县级人民政府应当为实施义务教育的特殊教育学校配备必要的残疾人教育教学、康复评估和康复训练等仪器设备,并加强九年一贯制义务教育特殊教育学校建设(第十六条)。

在第四章(学前教育)中,残疾幼儿的教育应当与保育、康复结合实施。招收残疾幼儿的学前教育机构应当根据自身条件配备必要的康复设施、设备和专业康复人员,或者与其他具有康复设施、设备和专业康复人员的特殊教育机构、康复机构合作对残疾幼儿实施康复训练(第三十二条)。

在第五章(普通高级中等以上教育及继续教育)中,县级以上人民政府教育行政部门以及其他有关部门、学校应当充分利用现代信息技术,以远程教育等方式为残疾人接受成人高等教育、高等教育自学考试等提供便利和帮助,根据实际情况开设适合残疾人学习的专业、课程,采取灵活开放的教学和管理模式,支持残疾人顺利完成学业(第三十六条)。

在第七章(条件保障)中,县级以上地方人民政府应当根据残疾人教育发展的需要统筹规划、合理布局,设置特殊教育学校,并按照国家有关规定配备必要的残疾人教育教学、康复评估和康复训练等仪器设备(第四十九条)。新建、改建、扩建各级各类学校应当符合《无障碍环境建设条例》的要求。县级以上地方人民政府及其教育行政部门应当逐步推进各级各类学校无障碍校园环境建设(第五十条)。县级以上人民政府及其有关部门应当采取优惠政策和措施,支持研究、生产残疾人教育教学专用仪器设备、教具、学具、软件及其他辅助用品,扶持特殊教育机构兴办和发展福利企业和辅助性就业机构(第五十五条)。

(三)《残疾预防和残疾人康复条例》对辅助技术的支持

《残疾预防和残疾人康复条例》中从康复服务方面(第二十条)、保障措施方面(第二十六条、第三十条)都直接或者间接将辅助器具的配置作为残疾人社区康复工作的一部分,从而要求县级政府加大支持力度,进一步落实残疾人辅助技术政策。

在第三章(康复服务)中,各级人民政府应当将残疾人社区康复纳入社区公共服务体系。县级以上人民政府有关部门、残疾人联合会应当利用社区资源,根据社区残疾人数量、类型和康复需求等设立康复场所,或者通过政府购买服务方式委托社会组织,组织开展康复指导、日常生活能力训练、康复护理、辅助器具配置、信息咨询、知识普及等社区康复工作。城乡基层群众性自治组织应当鼓励和支持残疾人及其家庭成员参加社区康复活动,融入社区生活(第二十条)。

在第四章(康复措施)中,国家建立残疾儿童康复救助制度,逐步实现0~6岁视力、听力、言语、肢体、智力等残疾儿童和孤独症儿童免费得到手术、辅助器具配置和康复训练等服务;完善重度残疾人护理补贴制度;通过实施重点康复项目为城乡贫困残疾人、重度残疾人提供基本康复服务,按照国家有关规定对基本型辅助器具配置给予补贴。具体办法由国务院有关部门商中国残疾人联合会根据经济社会发展水平和残疾人康复需求等情况制定。国家多渠道筹集残疾人康复资金,鼓励、引导社会力量通过慈善捐赠等方式帮助残疾人接受康复服务。工伤保险基金、残疾人就业保障金等按照国家有关规定用于残疾人康复。有条件的地区应当根据本地实际情况提高保障标准,扩大保障范围,实施高于国家规定水平的残疾人康复保障措施(第二十六条)。省级以上人民政府及其有关部门应当积极支持辅助器具的研发、推广和应用。辅助器具研发、生产单位依法享受有关税收优惠政策(第三十条)。

(四)《工伤保险条例》对辅助技术的支持

《工伤保险条例》的颁布让工伤劳动者得到了辅助技术的支持,而针对警察、军人等特定群体,则实施了国家保障的辅助技术支持政策。该条例中第三十二条、第四十七条、第四十八条、第五十条、第五十五条、第五十九条、第六十条都使工伤劳动者在工伤保险待遇、监督管理和法律责任方面得到辅助技术的保障。

在第五章(工伤保险待遇)中,工伤职工因日常生活或者就业需要,经劳动能力鉴定委员会确认,可以安装假肢、矫形器、假眼、假牙和配置轮椅等辅助器具,所需费用按照国家规定的标准从工伤保险基金支付(第三十二条)。

在第六章(监督管理)中,经办机构与医疗机构、辅助器具配置机构在平等协商的基础上签订服务协议,并公布签订服务协议的医疗机构、辅助器具配置机构的名单。具体办法由国务院社会保险行政部门分别会同国务院卫生行政部门、民政部门等部门制定(第四十七条)。经办机构按照协议和国家有关目录、标准对工伤职工医疗费用、康复费用、辅助器具费用的使用情况进行核查,并按时足额结算费用(第四十八条)。社会保险行政部门、经办机构应当定期听取工伤职工、医疗机构、辅助器具配置机构以及社会各界对改进工伤保险工作的意见(第五十条)。有下列情形之一的,有关单位或者个人可以依法申请行政复议,也可以依法向人民法院提起行政诉讼：(1)申请工伤认定的职工或者其近亲属,该职工所在单位对工伤认定申请不予受理的决定不服的；(2)申请工伤认定的职工或者其近亲属,该职工所在单位对工伤认定结论不服的；(3)用人单位对经办机构确定的单位缴费费率不服的；(4)签订服务协议的医疗机构、辅助器具配置机构认为经办机构未履行有关协议或者规定的；(5)工伤职工或者其近亲属对经办机构核定的工伤保险待遇有异议的(第五十五条)。

在第七章(法律责任)中,医疗机构、辅助器具配置机构不按服务协议提供服务的,经办机构可以解除服务协议。经办机构不按时足额结算费用的,由社会保险行政部门责令改正；医疗机构、辅助器具配置机构可以解除服务协议(第五十九条)。用人单位、工伤职工或者其近亲属骗取工伤保险待遇,医疗机构、辅助器具配置机构骗取工伤保险基金支出的,由社会保险行政部门责令退还,处骗取金额 2 倍以上 5 倍以下的罚款；情节严重,构成犯罪的,依法追究刑事责任(第六十条)。

二、国外相关法律政策对辅助技术的支持

联合国的《残疾人权利公约》、美国的《辅助技术法案》《残疾人教育法》、韩国的《特殊教育法》《残疾人福利法》,以及日本的《残疾人基本法》从各个方面强调了辅助技术的重要性和如何对辅助技术进行支持。

(一)联合国《残疾人权利公约》对辅助技术的支持

中国是联合国《残疾人权利公约》的缔约国,中国有责任和义务履行该公约的各项要求,承诺确保并促进充分实现所有残疾人的一切权利和基本自由,使其不受任何基于残疾人的歧视。该公约认为无障碍的物质、社会、经济和文化环境、医疗卫生和教育,以及信息和交流,对残疾人能够充分享有一切人权和基本自由至关重要。

第二条(定义)为本公约的目的,里面强调"交流"包括语言、字幕、盲文、触觉交流、大字本、无障碍多媒体以及书面语言、听力语言、浅白语言、朗读员和辅助或替代性交流方式、手段和模式,包括无障碍信息和通信技术。

第四条(一般义务)中强调,缔约国承诺确保并促进充分实现所有残疾人的一切人权和基本自由,使其不受任何基于残疾的歧视。其中,第七项强调促进研究和开发适合残疾人的新技术,并促进提供和使用这些新技术,包括信息和通信技术、助行器具、用品、辅助技术,优先考虑价格低廉的技术；第八项强调向残疾人提供无障碍信息,介绍助

行器具、用品和辅助技术,包括新技术,并介绍其他形式的协助、支助服务和设施。

第二十条(个人行动能力)中强调,缔约国应当采取有效措施,确保残疾人尽可能独立地享有个人行动能力。

第二十一条(表达意见的自由和获得信息的机会)中强调,缔约国应当采取一切适当措施,确保残疾人能够行使自由表达意见的权利,包括在与其他人平等的基础上,通过自行选择本公约第二条所界定的一切交流形式,寻求、接受、传递信息。

第二十六条(适应训练和康复)中强调,缔约国应当采取有效和适当的措施,包括通过残疾人的相互支持,使残疾人能够实现和保持最大程度的自立,充分发挥和维持体能、智能、社会和职业能力,充分融入和参与生活的各个方面。为此,缔约国应当组织、加强和推广综合性适应训练和康复服务和方案,尤其是在医疗卫生、就业、教育和社会服务方面。

第二十九条(参与政治和公共生活)中强调,缔约国应当保证残疾人享有政治权利,有机会在与其他人平等的基础上享受这些权利。

第三十二条(国际合作)中强调,缔约国必须开展和促进国际合作,支持国家为实现本公约的宗旨和目的而作出的努力,并将为此在双边和多边的范围内采取适当和有效的措施,并酌情与相关国际和区域组织及民间组织,特别是与残疾人组织,合作采取这些措施。

(二)美国《辅助技术法案》对辅助技术的支持

1988年,美国颁布了《残疾人技术辅助法案》,该法案是《辅助技术法案》的前身,旨在推动残疾人辅助技术事业的发展,强调政府应在残疾人获得辅助技术装置与辅助技术服务方面给予支持。同年,《辅助技术法案》取代《残疾人技术辅助法案》,开始全方位地为美国的辅助技术项目提供支持,2004年,美国对《辅助技术法案》再次进行了修订。

《辅助技术法案》作为美国第一部专门以帮助残疾人获得辅助技术装置和辅助技术服务为目的的法律,通过一系列条款与规定从不同角度保证了残疾人对辅助技术的需求,更重要的是该法案在普及和推广辅助技术事业的同时,使得残疾人本人、残疾人家庭、特殊教育教师、从事残疾人相关服务的工作人员,以及社会大众都了解辅助技术对残疾人的巨大作用,全面提升了社会对残疾人辅助技术事业的关注与热情。

《辅助技术法案》规定,各类残疾人、老年人、贫困者、英语不精通者,以及居住在乡村的人等,都平等地享有获得与使用辅助技术的权利,保障了所有需要辅助技术的人都能获得并使用辅助技术装置及辅助技术服务。

该法案还规定,为残疾人提供辅助技术所需的资金不但要由联邦政府提供,各个州也要多渠道地为残疾人使用辅助技术提供资金,保障残疾人在获得辅助技术装置和辅助技术服务时有稳定的资金来源。

(三)美国《残疾人教育法》对辅助技术的支持

美国《残疾人教育法》认为,特殊教育的终极目标是帮助特殊需求儿童发展成为独立且具备生活技能的成年人。对所有特殊需求儿童持有最高的期望,不仅是提升特殊教育质量的关键保障,也是激励他们充分发挥自身潜能的重要动力。应当建立最具有挑战性的发展目标,确保特殊儿童能够在普通班级接受普通课程。为此教育机构要提供最大程度的无障碍教学条件和最小限制环境,在学校、教室和课程中采用辅助技术。学校的辅助技术包括无障碍教学、无障碍教材、远程学习、有关专业人员的培训、采用的通用技术、学校的环境、建筑和设施的无障碍改造等。

该法律明确规定,在制订个别化教育计划时,必须考虑特殊儿童的辅助技术需要。此外,该法律还规定在早期干预和转衔教育服务中必须包含辅助技术装置与辅助技术服务,并允许儿童使用个性化教学技术。

(四)韩国《特殊教育法》对辅助技术的支持

韩国《特殊教育法》中第二十一条(融合教育)、第二十八条(特殊教育相关服务)、第三十一条(提供便利等)都直接或者间接强调了辅助技术的重要性及国家对于辅助技术的支持等相关内容。

各级学校负责人在实施各项教育政策时,要努力实现融合教育。有特殊教育资格的普通学校的校长应制订并实施融合教育计划,包括课程调整、人员配置、学习辅助器具支持和师资培训。普通学校校长根据上述内容实施融合教育时,应按照规定的标准设立和运营特殊班级和相关便利设施、设备、教材和教具等(第二十一条)。

教育部长应向有资格接受特殊教育的人及其家人提供家庭辅导和家长教育等家庭支持。必要时,教育部长应为符合特殊教育需求条件的人提供物理治疗和职业治疗等。各级学校负责人应为符合特殊教育需求条件的人员提供教辅人员。各级学校负责人应提供特殊教育对象教育所需的各种残疾人教具、各种学习工具、辅助技术设备等。各级学校负责人应制订校车支持、学费支持、通勤助理支持等通勤支持措施,以方便接送有特殊教育需求的学生。各级学校负责人可以安排和使用宿舍,以指导和保护残疾学生的生命安全。特殊教育学校设置、经营宿舍,除配备符合规定的生活教师以外,应配备一名护士或护理助理,以指导和保障残疾学生的生活。各级学校负责人向接受特殊教育的特殊教育对象提供各级学校提供的各类信息时(包括教育机构运营的互联网主页),应以适合其残疾类型的方式提供(第二十八条)。

学校校长应积极寻求并提供下列各项支持,以方便残疾学生接受教育活动:①对各种学习辅助工具和辅助技术设备的物理支持;②人力支持,例如安置教学助理;③保证学校的便利性;④信息访问支持;⑤便利设施安装支持(第三十一条)。

(五)韩国《残疾人福利法》对辅助技术的支持

韩国《残疾人福利法》中从第十八条(医疗与康复治疗)、第二十二条(信息的获取)、第二十六条(为选举活动提供便利)、第五十三条(独立生活的支持)、第六十五条(残疾人辅助器具)都直接或者间接强调了辅助技术的重要性及国家对于辅助技术的支持等相关内容。

国家和地方各级人民政府应当制定必要的政策,如为残疾人提供学习或恢复正常生活所必需的功能,为残疾人提供心理治疗等康复医疗服务,为残疾人提供辅助器具等(第十八条)。

国家和地方人民政府应当努力改善电信和广播设施等,使残疾人能够顺利获取信息并表达意愿。国家以韩语手语或听力障碍者隐藏字幕,向广播电台站长等私营经营者广播新闻和国家大事,并在规定的广播节目中为视觉障碍者提供字幕说明。国家和地方自治团体举办教育等国家活动或总统令规定的其他活动时,应为听觉障碍者提供韩国手语,为视觉障碍者提供盲文、无障碍二维码(如二维码语音转换)等印刷材料,如果是私人举办的活动,可能会要求提供韩国手语翻译和插入无障碍二维码的盲文和印刷材料。国家和地方政府提供盲文图书、有声读物、盲文信息终端,大力发展和推广通信辅助器具,培训和派遣专业的聋、视障通信保障专业人员(第二十二条)。

国家和地方人民政府应当采取必要措施,设置便利设施,宣传关于行使选举权的内容,研制和发放选举辅助器具,使残疾人行使选举权不受任何限制(第二十六条)。

国家和地方人民政府应当制定必要的政策,为残疾人提供如活动支持者、残疾人辅助设备等援助服务,并提供其他各种便利和信息,帮助残疾人独立自主生活(第五十三条)。

"残疾人辅助器具"一词是指残疾人为预防、补充和改善其功能而使用的假肢、矫形器及其他辅助器具,还有用于提高日常生活便利性的家居生活用品(第六十五条)。

(六)日本《残疾人基本法》对辅助技术的支持

日本《残疾人基本法》中从第十二条(医疗、救护)、第十八条(公共设施的无障碍化)、第十九条(信息利用的无障碍化)都直接或者间接强调了辅助技术的重要性及国家对于辅助技术的支持等相关内容。

在第二章（残疾人福利）中，国家和地方公共团体应当在福利用品、身体残疾者辅助犬及其他残疾人日常生活必需品的供给或出租方面制订相应的措施。国家和地方公共团体为了实现前款的规定，应当推进对福利用品和身体残疾者辅助犬训练项目的研究和开发（第十二条）。国家、地方公共团体和公共设施的设置者，应当为身体残疾人及其辅助犬同行时自行利用公共设施提供方便（第十八条）。为了残疾人无障碍利用信息及进行意愿表达，国家和地方公共团体应当采取措施，制造便于残疾人使用的电子计算机及其相关装置和其他通信工具，增加便于残疾人使用的电子通信和广播的功能，配备可以给残疾人提供信息的设施（第十九条）。

综上所述，国内外相关法律政策从各个层面都强调了辅助技术装置的重要性，并为残疾人提供了适合的辅助技术服务。国内外对辅助技术的关注度都越来越高，努力为残疾人提供更全面的辅助技术以帮助其更好地融入社会。

第四节　特殊教育教师辅助技术专业能力

一、特殊教育教师专业能力

教师的专业能力包括教师在开展教育活动过程中所需要的素质、能力、知识、技能、态度和价值观。因此，教师不仅要重视工作绩效，还要重视教育观、价值观、态度、能力等（Lee，2000）。特殊教育教师在为残疾学生提供适合其特点并满足其需求的学习环境方面，及制订和实施个别化教育计划方面都发挥着重要作用，除了专业素养外，还需要具备知识、技能、经验和强烈的责任感以提供高度专业化的服务。

培养能够适应21世纪新时代变革需求的特殊教育教师，以响应融合教育的趋势，以残疾人为中心，提升特殊教育的专业质量，重新定义学科教育，为残疾儿童提供特殊教育支持，这都对特殊教育教师的能力提出了新要求。

特殊教育教师专业能力培养模式是一个国家或地区特殊教育教师培养体系的重要组成部分（孙月鹤，2007）。因此，美国提出了教师培养标准，以提高特殊教育教师的专业能力。20世纪90年代初期，美国特殊儿童委员会（council for exceptional children，CEC）申请了一个项目，旨在研究特殊教育教师所需具备的知识与技能（Lim，2001）。美国特殊儿童委员会提出了特殊教育教师应具备的知识和技能，包括基本原理、学生的发展和特征、个体学习差异、教学策略、学习环境和社会互动、沟通、教学计划、评估、专业和道德规范、合作等10个条款（肖非，2010）。

美国特殊儿童委员会提出的特殊教育教师专业能力标准已被英国教师群体广泛接受,并在特殊教师教育培训中被反复强调(Rodriguez et al.,2018),具体反映在培养特殊教育教师的专业能力方面(Lim,2001)。

美国提出了特殊教育教师教学的核心标准,该标准有 10 条,这 10 条标准被归纳为四大类,分别是学习者和学习、学科知识、教学实践、专业责任。同时,这 10 条标准也分别从知识、品性和表现 3 个维度对教师教学进行细化,具体内容如下。

标准 1(学科理解与教学设计):特殊教育教师应深刻理解所教授学科的核心概念、研究工具及学科结构,并能将这些内容转化为适合残疾学生的学习体验,使学习材料对学生具有实际意义。

标准 2(学生发展与支持):特殊教育教师需了解残疾学生独特的学习和发展模式,提供多样化学习机会,促进每个学生在智力、社会性和个性方面的全面发展。

标准 3(差异化的教学方法):特殊教育教师需认识到残疾学生学习方式的多样性及其背后的原因,设计和应用适用于不同学习者的教学策略,以满足个体需求。

标准 4(批判性思维与技能培养):特殊教育教师应掌握并运用多种教学策略,激发残疾学生的批判性思维,提高残疾学生问题解决能力和实践技能水平。

标准 5(动机与行为管理):通过理解和应用有关个体和群体动机与行为的知识,特殊教育教师鼓励残疾学生积极参与社交活动,主动学习,并培养学生自我激励的能力。

标准 6(沟通技巧的应用):特殊教育教师利用有效的口语、非口语及媒介沟通技术,促进残疾学生之间的探索与合作。

标准 7(基于情境的教学决策):教学应当建立在对学科内容、学生特点、社区背景及课程目标的理解之上,确保教学活动的相关性和有效性。

标准 8(评估与反馈):特殊教育教师需要掌握正式和非正式的评估方法,持续监控学生水平,确保残疾学生能够不断进步。

标准 9(反思与专业成长):特殊教育教师应定期评估其教学活动对学生、学生家长及同事的影响,并积极寻求专业发展的机会。

标准 10(合作与伙伴关系):特殊教育教师应致力于构建与同事、残疾学生家长及社区机构的良好合作关系,共同支持残疾学生的学习和全面成长。

1994 年 1 月,韩国修订的《特殊教育振兴法》中提出了要根据特殊儿童的残疾类型和特征来编写教科书,这一举措成为强调特殊教育教师专业能力的契机。国内外研究人员和教育工作者经常指出培养特殊教育教师专业能力是非常必要的,因此,从 21 世纪开始,大家对特殊教育教师专业能力的重视急剧增加(Park et al.,2015)。特殊教育教师不仅要能开发适合残疾人特点的个性化课程,还要具备修订课程的能力,以及有关教育技术和辅助技术、转衔教育计划等知识。

当前对特殊教育教师专业能力的要求较多。特殊教育教师除了要具备一般教师所具备的的专业能力外,还要具备特殊教育观、特殊儿童观、独特的专业知识结构及相应的能力等(高亮,2009)。高亮提到特殊教育教师的专业知识能力结构分为知识、能力、观念态度。第一,知识包含了一般教师具有的专业知识、教育学知识和心理学知识;预防医学、耳眼科学、精神病学、康复医学和遗传学等医学知识;有关手语、盲文等残疾人交流手段和工具的知识;心理测量和咨询方面的知识;有关助视、助听设备的知识;有关行为矫正的知识等。第二,能力包含了一般教师所具备的基本教育教学能力;处理班级突发事件的能力,如利用医学知识处理学生癫痫发作的能力;助视、助听设备验配的能力和使用与维修的能力;使用特殊交流手段如手语、盲文和残疾人交流、沟通的能力;智力、心理和行为测评的能力;运用行为矫正技术改变学生行为的能力和心理咨询的能力等。第三,观念态度包含了具备正确的特殊儿童观、具备正确的特殊教育观、对待特殊儿童要有爱心、热爱特殊教育工作等。

为落实《国家中长期教育改革和发展规划纲要(2010—2020年)》的要求,进一步完善特殊教育教师队伍建设标准体系,引领特殊教育教师专业成长,促进特殊教育内涵发展,2015年我国教育部制定并发布了《特殊教育教师专业标准(试行)》。《特殊教育教师专业标准(试行)》的基本内容分为三大维度,分别是专业理念与师德、专业知识和专业能力,其中专业理念与师德包括职业理解与认识(5个基本要求)、对学生的态度与行为(5个基本要求)、教育教学的态度与行为(6个基本要求)、个人修养与行为(5个基本要求)等4个方面和21个基本要求;专业知识包括学生发展知识(5个基本要求)、学科知识(2个基本要求)、教育教学知识(6个基本要求)、通识性知识(4个基本要求)等4个方面和17个基本要求;专业能力包括环境创设与利用(5个基本要求)、教育教学设计(4个基本要求)、组织与实施(9个基本要求)、激励与评价(4个基本要求)、沟通与合作(5个基本要求)、反思与发展(3个基本要求)等6个方面和30个基本要求,共14个方面和68个基本要求。其中"第42条:合理利用资源,为学生提供和制作适合的教具、辅具和学习材料,支持学生有效学习;第52条:整合应用现代教育技术及辅助技术,支持学生的学习;第61条:运用恰当的沟通策略和辅助技术进行有效沟通,促进学生参与、互动与合作。"特别强调特殊教育教师应该具备相应的辅助技术专业能力。《特殊教育教师专业标准(试行)》的基本理念、基本内容与实施意见见附录3。

自20世纪80年代以来,我国对特殊教育的关注度持续上升,培养了很多具有专业能力的特殊教育教师,同时师范类院校也更多地培养了特殊教育教师,到1995年年底,中国34所中等特殊教育机构每年大概培养特殊教育教师2000人(陈云英,2004)。在我国,特殊教育教师应当符合下列条件:依照《中华人民共和国教师法》的规定取得教师资格;特殊教育专业毕业或者经省、自治区、直辖市人民政府教育行政部门组织的特殊教育专业培训并考核合格;从事听力残疾人教育的特殊教育教师应当达到国家规定的手语等级标准,从事视力残疾人教育的特殊教育教师应当达到国家规定的盲文等级标准。

2020年全国教育事业发展情况数据显示,全国特殊教育专任教师6.6万人,比上一年增加0.4万人,增长6.1%。专任教师中受过特殊教育专业培训的比例由上一年的76.9%上升为78.7%(中华人民共和国教育部,2021)。我国特殊教育教师数据统计见表2-28。

表2-28 我国特殊教育教师数据统计

年度	全国特殊教育专任教师人数/万人	专任教师中受过特殊教育专业培训的比例/%
2020	6.6	78.7
2019	6.2	76.9
2018	5.87	75.7
2017	5.6	73.3
2016	5.3	69.0
2015	5.0	64.9
2014	4.8	64.0
2013	4.6	61.0
2012	4.4	46.7

从表2-28中历年全国特殊教育专任教师人数和专任教师中受过特殊教育专业培训的比例来看,我国特殊教育专任教师人数不断增加,同时专任教师中受过特殊教育专业培训的比例也在大幅度提高。这表明我国特殊教育教师的师资培养制度越来越规范,并且特殊教育教师的专业能力也越来越强。

二、特殊教育教师辅助技术专业能力

辅助技术专业能力是指具有选择、运用、追踪和评估适合的辅助技术的知识与技能,关心辅助技术发展及其对特殊教育影响的态度(张美雯,2002)。特殊教育教师辅助技术专业能力是指特殊教育教师对辅助技术相关的知识和方法的掌握、运用,以及评估的总体水平。它包括对辅助技术的基本知识和基本技能的掌握,运用辅助技术解决问题的能力。

德瑞弗斯探讨辅助技术相关内容时,认为辅助技术专业能力包含以下内容:①了解辅助技术的意义及如何使用辅助技术;②了解辅助技术的范围及操作原理;③对基本工具、机器、材料等技术产品的使用具有兴趣;④具备对新型辅助技术的认知、了解和应用的能力;⑤在日常生活面临的问题与情景中运用现有辅助技术;⑥意识到人的局限性;⑦了解辅助技术对个人和社会的影响;⑧具有评估辅助技术装置的能力;⑨具有选择最佳辅助技术方案的能力;⑩了解未来辅助技术发展与职业教育的关系;⑪预测未来的发展趋势;⑫具有搜集、分析和使用辅助技术信息的能力(高亮,2009)。为了有效地提供辅助技术服务,鲍施和哈塞尔布林认为辅助技术服务提供者应当具备下列专业能力:①为学生进行辅助技术的测量与评估;②通过测量与评估选择最合适的辅助技术装置;③向学校教职员工或个别教师咨询;④对于某些辅助技术装置向学生、教师和家庭进行培训;⑤与个别化教育计划组成员合作;⑥为学校教职员工提供专业发展教育;⑦辅助技术装置的采购;⑧为了更好地实施融合教育与教职员工之间合作;⑨课程的适应与修改;⑩实施后续检查和评估。

在美国,辅助技术无论是在理论上还是在运用上,都形成了一套完整的体系。其中代表性的著作就是艾伯特和库克的《辅助技术原则与实行》,书中详细地介绍了辅助技术专业内容,其内容包含辅助技术的概念及相关概述、辅助技术的要素、残障使用者、辅助技术装置、辅助技术部分服务与辅助技术经费支持,具体内容见表2-29。

表2-29 辅助技术专业内容

项目	具体内容
辅助技术的概念及相关概述	辅助技术的概念
	辅助技术概念包含的内容
	辅助技术的现状
	辅助技术的实践标准
辅助技术的要素	人类、活动、情境等
残障使用者	残障者使用的信息处理过程模式
	残障者使用的感官功能
	相关的知觉功能及发展
	相关的认知功能及发展
	相关的社会心理功能及发展
	动作控制
	与使用辅助技术相关的作用及功能

续表

项目	具体内容
辅助技术装置	摆位系统
	控制界面
	电脑与网络
	辅助沟通系统
	行动辅具
	环境控制辅具
	感官辅具（视障辅具、听障辅具）
	教育辅助技术
	职场中的辅助技术
辅助技术服务	辅助技术评估和介入的原则的相关知识
	了解服务传递的流程
	能评估并知道如何介入
	会运作服务流程
	定做、架设
	传递、促进辅助技术的作用
辅助技术服务	训练与协作
	追踪与持续再追踪
	评估辅助技术服务和系统的有效性
辅助技术经费支持	了解有哪些经费来源
	了解获取资金的流程
	了解申请的方法与程序
	确认资金来源

为了帮助视觉障碍学生达成核心课程的学习目标，为独立生活和未来职业生涯打下基础，学者在美国、英国和加拿大提出了扩展核心课程这一重要概念。扩展核心课程的内容就包含辅助技术、补偿技能、社会交往、感觉效能、自主决定、定向行走、独立生活、职业教育、休闲娱乐等九大领域。而这里的辅助技术是指能够帮助视觉障碍学生更好地利用辅助技术了解和认识生活、工作、休闲、娱乐等各个方面，其内容主要是让视觉障碍学生能够利用设备和软件，学习如何创建、储存、打印文件，扫描资料，发送邮件、短信及利用社交媒体与朋友交流等，具体包括"获取信息（基础通用技术）""个人产品（例如助视器、放大镜等）""沟通（例如阅读电子书籍、互联网信息检索等）"三方面内容。

不仅如此,扩展核心课程九大领域的学习从学前阶段开始,贯穿视觉障碍学生整个学习生涯,这里着重了解一下扩展核心课程中辅助技术领域的分学段学习和发展目标。学前阶段的视觉障碍儿童要学会利用平板电脑表达喜好,练习使用门卡、钥匙、按钮、开关,学习使用电脑软件进行读写;小学阶段的视觉障碍学生要能使用读屏或放大软件进行基础导航,能使用便携盲文记录设备创建文档;初中阶段的视觉障碍学生要学会安全使用互联网开展研究和获取社交媒介,练习使用辅助技术进行信息检索和沟通交流;高中阶段的视觉障碍学生要继续练习辅助技术技能,盲文使用者要能流畅使用电子盲文设备和扫描仪将明眼文字转换为盲文。具体内容见表2-30。

表2-30　扩展核心课程中辅助技术领域的分学段学习和发展目标

阶段	辅助技术
学前阶段	利用平板电脑表达喜好 练习使用门卡、钥匙、按钮、开关 学习使用电脑软件读写
小学阶段	使用读屏或放大软件进行基础导航 使用便携盲文记录设备创建文档
初中阶段	学习安全使用互联网开展研究和获得社交媒介 练习使用辅助技术进行信息检索和沟通交流
高中阶段	继续练习辅助技术技能 盲文使用者能顺畅使用电子盲文设备和扫描仪将明眼文字转换为盲文

韩国在2015年的特殊教育课程中加入考虑残疾学生特点的内容,即针对视觉障碍学生的"视觉障碍人独立生活"和针对听觉障碍学生的"聋人生活和文化"。其中,"视觉障碍人独立生活"包括五个方面:辅助技术、日常生活、步行、人际关系和功能性视力。在视觉障碍人的独立生活中,辅助技术分为三个领域:触觉辅助技术、听觉辅助技术和视觉辅助技术。

美国国家教育技术标准是国际教育技术委员会颁布的在世界范围内极具影响力的教育技术系列标准。美国国家教育技术标准分别于2000年、2002年和2008年颁布了教师标准。其中2000年颁布的教师标准包括6个领域:技术实践与概念,规划与设计学习环境,教学与课程,测量与评估,教学能力与专业实践,社会、伦理道德、法律及人类议题,具体内容见表2-31。

表2-31　美国国家教育技术标准(2000年版教师标准)

领域	标准
技术实践与概念	能够在技术实践和概念上都有较深入的理解 能够掌握相关技术的介绍性知识、技能和概念 能够在技术知识和技能方面保持持续进步,同时与当前流行的技术共同发展

续表

领域	标准
规划与设计学习环境	能够通过应用各种教学技术来实现对有效学习环境的规划和设计 能够为学生提供适当的学习机会,并且应用技术来完善教学策略以支持学生多样的需求 能够在规划和设计学习环境时关注当前有关教学技术的研究 能够确定和定位技术资源并评估资源的适宜性和准确性 能够联系教学活动的情景,规划技术资源的应用 能够在发展技术的同时注意规划和管理学生的学习
教学与课程	能够在课程计划的实施中教授学生如何使用技术并以此来帮助学生实现最优化的学习 能够使用技术满足学生的需求和教学目标 能够使用技术来支持以学生为中心的教育理念,满足学生多样性的需要 能够使用技术来发展学生较高层次的技能和创造力 能够在增强技术能力的情况下,管理学生的学习活动
测量与评估	能够使用技术来促进各种评估的有效性 能够应用技术和多种方式对学生的学习成效进行评估 能够运用技术资源来收集和分析数据、解释分析结果并讨论结果以提高教学实践水平和学生的学习成效 能够运用各种评估方法来确定适合该学生学习、沟通和发展的技术资源
教学能力与专业实践	能够利用技术来提高他们的教学能力和专业实践 能够利用技术资源来促进自己的专业发展和终身学习 能够不断评价和反思自己的专业实践,确定利用何种技术来促进学生学习 能够运用技术来增强教学能力 能够运用技术加强与同事、家长、团队的沟通与合作以促进学生的学习
社会、伦理道德、法律及人类议题	能够了解从学前教育阶段到高中教育阶段运用技术的相关问题,包括社会、伦理道德、法律和人类议题等方面,并在实践中加以应用 能够将有关技术使用方法的法律和伦理道德实现规范化 能够运用技术资源,使不同背景、特性和能力的学生均得以发挥其潜能 能够确认并运用多样化的技术资源 能够促进使用技术资源的安全与健康 能够帮助所有学生公平地使用技术资源

在2002年修订并颁布的教师标准包括8个领域:2000年颁布的教师标准6个领域(技术实践与概念、规划与设计学习环境、教学与课程、测量与评估、教学能力和专业实践和社会、伦理道德、法律以及人类议题)和增加的2个新领域(技术环境的程序、政策、规划及编列预算和领导与远见),新领域具体内容见表2-32。

表 2-32 2002 年版教师标准新领域

领域	标准
技术环境的程序、政策、规划及编列预算	能够运用学校的技术设施与资源实施课堂教学 能够根据指导方针程序计划、购买技术资源 能够参与管理学校技术装置、资源和采购有关的专业研习
领导与远见	能够利用学校现有的技术设施与资源实施课堂教学 能够使用策略和最新知识议题管理学校演进过程 能够使用有效的团队沟通技巧与相关人员合作 能够领导行政区的技术规划、实施的发展与评估 能够检查并确认是否达到技术能力或指标的相关领域经验

而在 2008 年修订并颁布的教师标准包括 5 个领域：促进学生学习、激励学生创造力，设计和发展数字化学习时代的实践与评估，树立数字化时代学习与工作的典范，增强教师数字化时代的公民权利与义务意识，为学生树立典范、发展专业能力和提升领导力，具体内容见表 2-33。

表 2-33 美国国家教育技术标准（2008 年版教师标准）

领域	标准
促进学生学习、激励学生创造力	能够运用学科知识和教育技术，在教学中促进学生学习、激发学生的创造力 能够提升和支持自身的创造性思维与独创能力，并为学生树立典范 能够使学生积极运用数字化工具和资源探究并解决现实问题 能够运用合作工具促进学生反思，从而揭示学生对概念的理解、思考以及设计、创造的过程 能够与学生、同事及其他人在教学环境中进行合作学习，为学生树立合作学习的榜样
设计和发展数字化学习时代的实践与评估	能够设计、发展并整合现有工具和资源以优化学生情景式学习，从而对学生的知识、技能和态度的发展要求得以实现 能够运用数字化工具和资源规划、调整相关学习经验，以促进学生的学习与创造力发展 能够创建技术密集型的学习环境，而使所有学生都能满足他们的求知欲。能够使他们自主设定学习目标、管理学习和评估学习过程，最终成为学习活动的积极参与者 能够为学生制订个性化的学习活动，以适应学生多样化的学习风格和学习策略，以及不同的应用数字化工具和资源的能力 能够为学生提供与学习内容和技术标准相统一的多种形成性评价和总结性评价，并能根据数据分析结果调整教学

续表

领域	标准
树立数字化时代学习与工作的典范	教师作为全球化与数字化时代的创新型专业人士应在知识、技能与工作方面树立典范 能够熟练使用技术系统,并能将现有知识迁移到新技术和新情景中 能够与学生、同事、家长、社区成员合作,运用数字化工具和资源促进学生的创新能力并引领学生走向成功 能够使用多种数字媒体与学生、同事、家长就相关信息和想法进行有效的沟通与交流 能够运用当前的数字化工具查找、分析、评价和使用信息资源,以支持学习和研究
增强教师数字化时代的公民权利与义务意识	能够在不断发展的数字化时代中,理解国内和国外的社会问题及自身的责任,并能在专业实践中做出合乎法律和伦理道德规范的行为 能够提倡并教导学生安全、合法、道德地使用数字化信息技术,包括对版权、知识产权和资料来源的尊重 能够运用以学习者为中心的策略,并为学生提供平等使用数字化工具和资源的机会,以满足学生不同的需要 能够提升自身在数字化时代运用信息技术的礼仪水平和社会交往的责任感,并为学生树立榜样 能够运用数字化时代的交流和合作工具与来自不同文化背景的同事和学生进行交流合作,以增强自身的文化理解力和全球意识
为学生树立典范、发展专业能力和提升领导力	能够通过对数字化工具和资源的有效运用不断提高自身的专业实践能力,并在其所在学校和专业团队中展现出领导才能,为学生树立终身学习的典范 能够参与国内和国外的学习团体以探究技术的创造性应用,进而促进学生学习 能够通过洞察可引入教学的新技术、参与共同决策、社区构建以及提升他人的领导力和技术水平,来展现自身的领导才能 能够定期评价和反思当前的研究和专业实践,从而有效地使用数字化工具和资源来支持学生的学习 能够为教师职业和自己所在的学校与社区教育事业的不断发展贡献力量

1998年,美国特殊儿童委员发布"辅助技术领域的知识和技能",通过辅助技术专家的评审,将辅助技术的知识和技能大致分为8个领域:有关特殊教育的哲学、历史和

法律基础，了解学习者的特性，诊断与评估，教学效果和实践，计划与管理教和学的环境，管理学生行为和社会互动的技能，沟通和合作关系，专业和道德的实践（张美雯，2002），具体内容见表2-34。

表2-34 辅助技术领域的知识和技能

分类	知识	技能
有关特殊教育的哲学、历史和法律基础	指导与辅助技术相关的法规条例以及在特殊教育中的施行细则	明确阐述在特殊教育中使用技术的哲学理念和目标。在书面及口语交流中恰当地运用技术相关术语
了解学习者的特性	了解影响使用技术情形的学习者特性 技术对特殊学习者的影响 技术对中度障碍学习者的影响	使用计算机软件和相关的技术材料来确认学生学术上以及生理上的需求
诊断与评估	—	能分析、总结和报告学生的表现，并通过技术来帮助教学决策 确认功能需求、审查功能的限制，并且确认广泛性的辅助技术评估存在的必要 若缺乏足够的资料来制订计划，可以参考额外进行的技术评估结果 确认更深入的技术评估需求，并且适当地咨询其他专业人员 确认关于辅助技术需求的评估结果，如果有必要将再评估与重新执行过程 与团队成员合作来确认辅助技术（包含硬件和软件）可以帮助学生在他们的环境中达到他们的要求 制订适合的辅助技术目标，以便有效监督其实现过程及达成情况 观察和测量学生使用辅助技术一段时间后的表现 比较实际表现、期望表现和在介入计划中的指定目标 访问消费者、家人和看护者，以决定技术方法是否达到他们现在和未来的需求

续表

分类	知识	技能
教学效果和实践	评估计算机软件和其他在特殊教育课程中可能使用的技术设备和程序	确认特殊教育课程中适合的和可实施的技术运用方法和元素 设计、传授和评鉴学生学习活动,整合计算机技术于一群差异很大的学生中 设计学生学习活动,促进学生公平、道德、合法地使用技术 确认和操作软件,使学生在多元化的教学环境中能达到教育目标 使用计算机支持各阶段的学习过程,并且记录学生的教学成效 使用技术来补偿学习和功能的缺陷 确认和使用辅助技术能够提供接近教育资源以达到某些个体不同的需求 使用以计算机为基础的生产工具来发展智慧教室 指导残疾学生使用软件程序来完成任务,例如:文书处理、资料库管理、绘图软件和远距通信 指导残疾学生操作设备和执行相关的程序 使用工具,例如:文书处理工具、资料库管理工具、空白表格程序 寻求终端使用者和其他有使用技术经验的人的真实反馈 了解如何适当安全地使用机械和电,提高他们自我保护的能力
计划与管理教和学的环境	—	示范操作相关的技术系统和软件 安排和管理教室环境以促进技术的使用
管理学生行为和社会互动的技能	—	通过计算机活动来提升更多的社会交往
沟通和合作关系	相关服务人员提供特殊教育学生辅助技术服务	明确辅助技术团队成员及他们的角色 设计和实施整合技术并且涉及团队或小组合作教室活动 与消费者和其他团队成员在计划和施行辅助与适应性的设备中合作 参与合作计划和技术相关的活动 示范有效的群组技能 有效沟通,包含技术议题上的听、说和写 使用电子邮件和网页浏览器来沟通和研究,以支持教学 建议普通班级教师利用技术系统,评估和确认班上特殊教育学生的技术技能和知识水平

续表

分类	知识	技能
专业和道德的实践	专业的限制；确认和寻找外界的专门知识	维持专业发展计划，以确保获取关于新发展的技术知识和技能 确认活动和资源，以支持与技术相关的专业成长 展示在特殊教育中与技术相关的公平性、道德、法律及人文等议题的专业知识 支持遵守关于软件及其他受著作权保护的技术材料的复制与大规模使用的版权规定

前文提到美国特殊儿童委员会提出的特殊教育教师应具备的知识和技能，包括基本原理、学生的发展和特征、个体学习差异、教学策略、学习环境和社会互动、语言、教学设计、评估、专业和道德规范、合作等10个条款。其第六条（语言）、第七条（教学设计）、第八条（评估）都对辅助技术有着明确的要求，具体内容见表2-35（郑遥，2010）。

表2-35 美国特殊儿童委员会提出特殊教育教师应具备辅助技术相关的条款

第六条	语言	特殊教育教师能熟悉运用扩大替代沟通系统、辅助技术以支持和促进特殊学生与其他人、事物、环境的沟通与交流
第七条	教学设计	特殊教育教师能熟练运用各种恰当的技术来支持教学设计和个别化教学
第八条	评估	特殊教育教师能熟练应用辅助技术装置和辅助技术服务来完成对特殊需要学生的评估

美国特殊儿童委员会还提出特殊教育技术专家应具备的辅助技术专业能力包括基础知识、学习者的发展和特征、个体学习差异、教学策略、学习环境和社会互动、语言和沟通、教学设计、评估、专业和道德规范、合作等十大领域，具体内容见表2-36。

表2-36 特殊教育技术专家应具备的辅助技术专业能力

领域	特殊教育技术专家应具备的辅助技术专业能力
基础知识	特殊教育教师了解特殊教育的架构、理论、哲理与议题，以及政府施行的法律和政策 能够清晰阐述社会中教育及其他领域与技术相关的概念和议题 明确表达个人对于在特殊教育中使用技术的理念与目标 在书面或口头交流时，恰当运用技术相关术语 能够准确描述与特殊教育技术相关的法律法规和政府规章制度

续表

领域	特殊教育技术专家应具备的辅助技术专业能力
学习者的发展和特征	特殊教育教师需要了解学习者在发展和人格特质上的相同或不同之处,了解其有无特殊的学习需求,以及这些差异在学习和发展上可能带来的影响 技术对学习者在各个发展阶段中特定学习需求的影响
个体学习差异	特殊教育教师了解学习者的特殊性、多样性,以及个体差异,及其对学业、社交、互动、态度、兴趣、职业选择与价值的影响 学习者多样性的问题及技术使用的问题
教学策略	特殊教育教师了解并使用多种教学策略来鼓励学生发展批判性思考、解决问题能力,以及表现能力 分辨与操作教学的辅助软件、硬件及相关设备 提供技术支持以满足在一般教育安置中学习者的特殊学习需求 在决定购买之前安排示范和使用潜在的辅助技术或教学技术
学习环境和社会互动	特殊教育教师具备建立与组织积极安全的学习环境的知识和技能,这样的学习环境整合与预设了在有意义的学习活动、互动和安置的个别学习需求 技术的组织架构、管理流程与安全程序 运用人类环境改造学的原则来促进技术的使用 评估技术体系的特点 在融合的环境中,运用技术来促进社会的接纳度 评估学习者在学习上所需的特别技术需求
语言和沟通	特殊教育教师了解语言发展因异常、文化、差异所可能影响使用和了解语言的方法。他们也使用加强语言发展的策略,并且为学生教授适当的沟通技术 使用电子沟通辅具来获取信息和资源
教学设计	特殊教育教师计划和实施教学,并且创造和选择适合学生学习上个别需求的要素,以促进学习和发展学科、社会和生活技能 评估电脑软件和其他在特殊教育中可能使用的技术设备程序 资金来源与获得辅助技术设备和服务的过程 全国性的、州或省的 PK-12 技术标准 基于技术导向的评估结果,协助有特殊教育需求的学生依据优先功能顺序设定干预目标 确认课程中适宜的和可实施的技术运用方法的要素 确认和操作可让特殊教育需要学生在多样化的学习环境中达到教学目标的软件

续表

领域	特殊教育技术专家应具备的辅助技术专业能力
教学设计	设计、制造并安装辅助技术装置,以满足特殊教育需求学生的具体要求 提供系统化的培训,指导有特殊教育需求学生熟练使用技术设备 在整合技术以满足有特殊教育需求学生的要求时,确保选择和应用的机械设备和电子装置既合适又安全 制订并执行应急预案,以应对辅助技术或教学技术设备突发故障的情况 编制获取所需技术支持的指南和图表 撰写计划以获得技术资金
评估	评估是特殊教育教师做决策的要素。特殊教育教师有执行教学评估和使用评估结果计划和实施个别化教学程序设计来达到有特殊教育需要学生的需求的知识和技能 使用技术来测量、诊断和评估有特殊教育需要学生的需求 配合不同特殊教育需要学生的特质使用技术产品和软件 使用技术收集、分析、总结和报告学生表现的资料以协助教学设计 确认功能需求、审查功能的限制并确认广泛的辅助技术和教学技术评估存在的需要 监控以技术为基础的介入结果,并且依需求再评估和调整系统 为了协助有特殊教育需要学生,基于技术本位的评估结果,明确并按优先功能顺序设定介入目标 与团队或成员合作来确认辅助技术或教学技术可以帮助学生在他们的环境中达到他们的要求 确认装置放置的位置能使学生有效地使用辅助技术或教学技术 审查优先于使用辅助技术和教学技术的另一方案 能以无技术到有技术为基础,做技术决策
专业和道德规范	特殊教育教师在工作中持续不断地考量相关的法律、道德和专业标准。特殊教育教师的行为反映了CEC的道德规范和专业标准 在特殊教育中与技术相关的公平、道德、法律,以及人类的问题 组织和出版有关技术领域的刊物 持续不断地获取新技术发展的知识和技能 支持遵守关于复制和分发软件及受著作权法保护的技术设备的相关法律规定 提倡辅助技术或教学技术在个别和不同阶层的系统需求 参与有关技术领域的专业组织的活动

续表

领域	特殊教育技术专家应具备的辅助技术专业能力
合作	特殊教育教师和家庭与其他专业人员、监护人合作以确定特殊教育需要学生的个别需求,以及从学校延伸到终身教育 相关服务人员确定提供技术服务 指导方针涵盖了特殊教育需求学生转至其他专业的流程 提供及时的培训服务,以使特殊教育中的技术有效运用 涉及团队成员和家庭相关的辅助技术和教学技术资源 与其他团队成员合作计划和执行使用辅助并适应装置 指导其他成员技术操作、维护、保修,以及问题解决技术

同时美国特殊儿童委员会又提出特殊教育管理者和转衔教育专家应具备的辅助技术专业能力,具体内容见表 2-37。

表 2-37 特殊教育管理者和转衔教育专家应具备的辅助技术专业能力

特殊教育管理者	将学生的辅助技术需要列入教学计划当中 督促教师在课堂教学中应用多媒体教学、计算机软件等辅助技术手段来帮助特殊学生更好地融入课堂
转衔教育专家	关注学生在转衔过程中对辅助技术需求的改变,督促学生本人、家长、教师等相关人员配合技术专家追踪辅助技术装置的使用效果,帮助学生更好地完成转衔

之后美国特殊儿童委员会又提出各类特殊教育教师应具备的辅助技术专业能力,里面包括从事听觉障碍学生教育的教师、从事幼儿早期教育的教师、从事情绪与行为障碍学生教育的教师、从事学习障碍学生教育的教师、从事智力障碍学生教育的教师、从事肢体障碍学生教育的教师、从事视觉障碍学生教育的教师,其应具备的辅助技术专业能力见表 2-38。

表 2-38　各类特殊教育教师应具备的辅助技术专业能力

能力	从事听觉障碍学生教育的教师	从事幼儿早期教育的教师	从事情绪与行为障碍学生教育的教师	从事学习障碍学生教育的教师	从事智力障碍学生教育的教师	从事肢体障碍学生教育的教师	从事视觉障碍学生教育的教师
在教学策略中运用适当的调整和技术支持	√	√					√
在学习环境和社会互动中使用辅助技术	√	√			√		
了解和使用辅助沟通系统	√	√		√	√	√	
运用辅助技术来规划和管理教学及教学环境	√	√	√	√	√	√	√
将辅助技术融入课堂教学	√		√	√	√	√	√
能选择和设计适合学生的辅助技术	√			√			
能通过辅助技术来控制和引导评估	√				√	√	√
能协助学生管理和使用辅助技术装置	√						
在各种环境中使用辅助技术为学生提供丰富的刺激		√					
根据评估结果适配和改进辅助技术装置						√	

美国建议在融合教育环境下教师和辅助技术专家应掌握的辅助技术知识见表2-39。

表2-39 融合教育环境下教师和辅助技术专家应掌握的辅助技术知识

人群	辅助技术知识内容	
教师	书写 作文 阅读	数学 教与学 计算机
辅助技术专家	书写 作文 阅读 数学 教与学 计算机 沟通	环境管理 娱乐与休闲 日常生活 姿势 移动 提供视觉资料 提供听觉资料

美国杰出教师鉴定委员会颁布了特殊教育内容标准。该标准包括专业技能和背景知识、了解学生的特殊需要、普通特殊教育实践、语言发展策略等四个领域，其中专业技能和背景知识、普通特殊教育实践这两个领域里都涉及对教师辅助技术的要求，具体内容见表2-40。

表2-40 美国杰出教师鉴定委员会标准中对教师辅助技术的要求

领域	议题	细则
专业技能和背景知识	哲学、历史和法律基础	能够理解历史活动及其发展趋势如何影响特殊教育与整个社会之间的关系，包括去机构化、社区安置、融合、辅助技术应用、教育转衔、教育支持、普通教育课程的适应性、调整教育目标等
	专业与道德实践	能够理解使用专业资料进行关键性评估的重要性，并知道如何获取正确的信息来确定相关的教学用品、辅助技术和教学软件
普通特殊教育实践	教学计划	能够了解如何获取当地、州、联邦政府的资源从而为学生提供教学及辅助技术的支持 能够利用辅助技术支持教学计划的制订和实施，学习环境的管理，以及适应学生的需要

德州教师资格委员会颁布了特殊教育教师标准,该标准共有十二条,其中第八条"特殊教育教师必须依照联邦政府及州政府的相关定义理解并使用辅助技术"强调了特殊教育教师要掌握辅助技术的知识和技能,具体内容见表2-41。

表2-41 德州特殊教育教师标准中对教师辅助技术知识和技能的要求

知识:教师知道什么?	技能:教师能做什么?
辅助技术的范围与种类,辅助技术装置、辅助技术服务及资源 联邦政府与州政府法律中对辅助技术的获得及使用的相关规定 如何使学校及社区资源与残疾学生的辅助技术需求相匹配 何时提交辅助技术评估报告 如何在教学中考量辅助技术的有效性 如何应用辅助技术装置和辅助技术服务帮助学生更好地融入普通课程、适应性课程以及日常生活当中	根据学生的需要适配恰当的辅助技术装置和辅助技术服务 在学校和社区环境中寻找相应的辅助技术 根据学生的需要为其选择辅助技术的类型和层次(例如"零技术""低技术""高技术")并协助学生应用 为学生选择、建立辅助沟通系统,并协助学生使用替代沟通装置 关注学习环境与课程安排以找到学生的辅助技术需求 保证教室内辅助技术装置的正常运作 依照学生个别化教育计划提供合适的辅助技术

北卡罗来纳州专业教学标准委员会颁布了特殊教育普通课程教师标准,该标准共有十一条,里面有关内容也强调了教师应协助学生使用辅助技术装置,并且为学生提供相应的辅助技术服务。明尼苏达州法令修订中心为本州各个公共机构起草了《明尼苏达州管理条款》,里面详细地规定各类特殊教育教师(听觉障碍学生的教师、视觉障碍学生的教师、特殊教育适应性体育教师、发展性障碍学生的教师、早期教育教师、残疾学生的教师)应具备的辅助技术知识和技能,具体内容见表2-42。

表2-42 《明尼苏达州管理条款》中对特殊教育教师辅助技术知识和技能的要求

教师类型	辅助技术知识和技能
听觉障碍学生的教师	教师应懂得如何检测助听器、听力训练设备、辅助技术装置的功能 教师应懂得如何利用适当技术优化听障学生的残余听力 教师应懂得如何寻找恰当的材料、设备、适应性技术和辅助技术来满足听障学生的需求 教师应懂得如何综合考虑学生的评估结果、家庭情况、资源和学习兴趣等因素,为其制订个别化教育计划,并为其适配合适的辅助技术

续表

教师类型	辅助技术知识和技能
视觉障碍学生的教师	教师应懂得如何寻找恰当的材料、设备、适应性技术和辅助技术来满足视障学生的需求 教师应懂得如何综合考虑学生的评估结果、家庭情况、资源和学习兴趣等因素,为其制订个别化教育计划,并为其适配合适的辅助技术 教师应懂得如何根据学生的个别化教育计划来设计和实施恰当的发展性的教学,并懂得如何选择和使用适应性技术和辅助技术来满足学生的需求 教师应懂得如何在制作教具的过程中利用辅助技术和技术支持
特殊教育适应性体育教师	教师应懂得有关肌肉运动技巧的力学与辅助技术装置的用途 教师应懂得如何综合考虑学生的评估结果、家庭情况、资源和学习兴趣等因素,为其制订个别化教育计划,并为其适配合适的辅助技术 教师应懂得如何利用辅助沟通系统与无语言能力或语言能力有限的学生进行交流
发展性障碍学生的教师	教师应懂得如何使用并维护学生的矫正器、假肢等辅助技术装置和适应性装置的正常运作 教师应懂得如何寻找恰当的材料、设备、适应性技术和辅助技术来满足发展性障碍学生的需求 教师应懂得如何综合考虑学生的评估结果、家庭情况、资源和学习兴趣等因素,为其制订个别化教育计划,并为其适配合适的辅助技术 教师应懂得如何为发展性障碍学生提供合适的教学策略、适应性技术、特殊教具资源 教师应懂得如何帮助学生使用和维护替代沟通系统
早期教育教师	教师应懂得如何综合考虑幼儿的评估结果、家庭情况、资源和兴趣等因素,为其制订个别化教育计划,并为其适配合适的辅助技术
残疾学生的教师	教师应懂得如何满足学生的辅助技术需要并学会使用辅助技术 教师应懂得如何寻找恰当的材料、设备、适应性技术和辅助技术来满足残疾学生的需求 教师应懂得如何根据适应性技术评估结果来发展和实施辅助技术计划,并将辅助技术计划纳入到学生的个别化教育计划当中 教师应懂得如何综合考虑幼儿的评估结果、家庭情况、资源和兴趣等因素,为其制订个别化教育计划,并为其适配合适的辅助技术

1997年,我国台湾地区发布了《中小学教师资讯基本素养指标》,里面涵盖了素养类别、能力类别和资讯素养能力。该指标被分为信息课程专业素养、套装软件及应用软件操作素养和各科应用网络教学基本素养等三大素养类别,具体内容见表2-43。

表 2-43 我国台湾地区《中小学教师资讯基本素养指标》

素养类别	能力类别	资讯素养能力
信息课程专业素养	会使用电子邮件并了解网络礼节	会管理、收发自己的电子邮件 了解使用电子通信的礼仪
	尊重知识产权	了解所有权与著作的意义,尊重知识产权 了解网络管理与电子签章、不仿冒、不翻制别人的软件教材 了解计算机病毒传染的发病原因
	了解信息安全的重要	了解网络传送资料的安全性 知道防火墙的功能与网络加密的重要性 能遵守网络安全守则、尊重个人资料保护法
	了解计算机为一般教学工具	了解信息科技融入各科教学的内涵 会计算机操作、并利用计算机做教学活动 会利用计算机分析学生学习成果 会利用计算机工具做班级事务工作的处理
套装软件及应用软件操作素养	会使用计算机辅助教学软件与网络资源	了解计算机辅助教学(CAI)的效益与范围 会评选课程相关 CAI 能安装 CAI 于计算机主机上,并做教学使用 能利用 CAI 做各种辅助教学活动 会简易上网操作,并使用浏览器 会上网搜寻网络上的补充教材 能下载、复制、编辑、存档所搜集的网络资料 能利用网络教材配合各科做教学活动
	会系统管理学生资料	了解网络管理的重要性 使用计算机系统管理学生资料及学习资料 会利用校务系统进行教学管理,并分析研判学习成效 会使用校务系统出评量试题,进行教学评量
	会系统操作及相关应用	会简易软件安装、文书软件操作 了解学校计算机系统、会操作计算机教室教学网络广播系统 会处理学生基本资料及学生辅导资料追踪

续表

素养类别	能力类别	资讯素养能力
各科应用网络教学基本素养	能利用网络资源进行教学活动	会简易设定网络联结以使资料快速撷取 会利用简报系统剪贴设计教学 能利用网络配合各科教学活动
	能利用网络资源进行参与交互式教学	会指导学生利用网络学习 能与科任老师配合协同教学活动 能利用学校网页做简易交互式学习活动 能利用计算机设备做班级、校级的联络教学
	能利用网络资源进行远距教学与活动	了解远距教学的意义与所需设备 会操作远距教学所需外围设备 能利用视频会议功能、进行交互式远距学习活动

学者郑遥借鉴国外特殊教育教师标准中对辅助技术的要求，同时结合我国实际情况也提出了各类特殊教育教师（听觉障碍学生教师、视觉障碍学生教师、发展性障碍学生教师、肢体与行为障碍学生教师、沟通语言障碍学生教师）应具备的辅助技术素养，具体内容见表2-44。

表2-44 各类特殊教育教师应具备的辅助技术素养

教师类型	辅助技术素养
听觉障碍学生教师	能帮助听障学生佩戴、维护及保管助听器 了解人工耳蜗植入技术的相关原理及注意事项 能为听障学生制作亮光提示、振动提示和文字提示等简易辅助技术装置 能操作聋人文本电话（又称TDD或TTY）、视频字幕技术、语音识别技术、FM调频系统、环路声音放大器、与助听器配合使用的红外助听系统等技术 与听障学生保持良好的沟通与互动 关注听障辅助技术的发展
视觉障碍学生教师	能帮助视障学生使用、维护并保管盲杖 能为视障学生制作有声教学软件 能为低视力学生制作大字提示、触摸提示和语音提示装置 能操作视频放大器、手持式文本扫描阅读器、盲文电脑、点字显示器、电子书播放器、盲文打印机、电子放大镜、在线语音书库等辅助技术装置 关注视障辅助技术的发展

续表

教师类型	辅助技术素养
发展性障碍学生教师	能维护和保管各种发展性障碍辅助技术装置 能应用计算机软件为发展性障碍学生设计各种教学动画 能操作各种发展智力、改善情绪、提高语言能力的辅助技术产品和计算机软件 关注发展性障碍辅助技术的发展
肢体与行为障碍学生教师	能维护和管理各种肢体与行为障碍辅助技术装置 能协助肢体与行为障碍学生使用轮椅、助行器、矫正器等辅助技术装置 了解肢体与行为障碍学生常用的各种生活辅具的结构和用途,例如:分指板、取物器、粗柄餐具等 能制作简易的生活辅助技术装置 关注肢体与行为障碍辅助技术的发展
沟通语言障碍学生教师	能维护和管理各种沟通与语言障碍辅助技术装置 能制作简单的沟通辅具,例如:日常生活需求沟通板 了解并使用扩大替代沟通系统与学生保持良好的交流与互动 关注沟通与语言障碍辅助技术的发展

陈姿妙认为特殊教育教师应具备的辅助技术包括知识与技能两个方面,而这两个方面涵盖了辅助技术的基础知识、辅助技术的获取与评估、辅助技术的情境运用等内容。陈忠胜认为盲校教师应具备的辅助技术知识与技能包括了解视觉障碍辅助技术服务的含义与内容、视觉障碍学生的辅助技术需求评估、视觉障碍辅助技术装置的获取、视觉障碍辅助技术装置的提供与制作、整合资源并有效运用视觉障碍辅助技术装置、视觉障碍辅助技术的教育培训与技术援助等。

综上所述,本研究通过参考相关文献提出了我国特殊教育教师应具备的辅助技术专业能力,包括基础知识、教学策略、学习环境、教学设计、评估、专业发展、合作等7个维度,具体内容见表2-45。

表 2-45 我国特殊教育教师应具备的辅助技术专业能力

维度	内容
基础知识	残疾人辅助技术的发展史 与辅助技术相关的政策法规 辅助技术装置与辅助技术服务的定义 提供辅助技术服务所需的文件 低端技术与高端技术之间的差异 辅助技术装置购入时相关的政策法规 辅助技术与职业教育相关的知识 辅助技术与通用学习设计相关的知识

续表

维度	内容
教学策略	为了使用辅助技术装置而掌握的与安装相关的基本概念 与辅助技术装置管理相关的基本概念与教学策略 使用辅助技术装置发生问题时,解决问题的教学策略 作为转衔教育的一部分,与就业相关辅助技术的教学策略 指导获得辅助技术装置与辅助技术服务的教学策略 根据不同年龄段残疾学生的概念发展和运动能力而使用不同辅助技术的教学策略 制订辅助技术使用教学计划的策略 考虑残疾学生是否存在多重障碍,具有指导辅助技术能力的能力 根据学生的规模指导辅助技术的策略 根据残疾学生的需求,收集辅助技术资料和修改教学计划的策略
学习环境	在特定的学习环境中,评估与促进辅助技术使用的能力 根据残疾学生不同的需求,营造指导辅助技术环境的能力 在不同的环境中使用辅助技术时,指导适合的社会技术的能力 在最小限制环境与不同的场所中,能够使用辅助技术的知识 使用辅助技术使残疾学生融入普通学校的相关策略 擅长借助辅助技术来营造课堂环境 不同环境下选用辅助技术的合适使用方法 携带型辅助技术装置所需要的环境及其相关局限性
教学设计	根据残疾学生的不同情况,制订适合他们的辅助技术教学设计 根据评估的需求,制订辅助技术的教学设计 为了制订有效的辅助技术指导计划,具备管理时间与人员的能力 在教学设计中阐述与辅助技术有关的目标 必要时在原始方法之外,通过其他方法使用辅助技术 为了评估学生使用辅助技术的能力,记录与分析数据的方法 制订教学设计时研究辅助技术及其应用的知识 在教学设计中如何融入使用辅助技术的知识
评估	根据不同年级、不同年龄的残疾学生,进行辅助技术评估的能力 分析评估结果及编写评估报告书的能力 在个别化教育计划中,评估使用辅助技术装置目标的能力 使用辅助技术后,评估残疾学生独立性的能力 指导辅助技术后,评估残疾学生理解程度的能力 评估辅助技术装置效果的能力

续表

维度	内容
专业发展	为了增强辅助技术的专业性,了解关于筹措资金的知识 为了支持残疾人辅助技术,了解相关社区或国家部门的信息 与辅助技术组织或协会相关的信息 与辅助技术开发商或供应商相关的信息 与社区或者国家运营的辅助技术消费者团体组织相关的信息 通过相关组织对于辅助技术的支持,解决残疾学生家庭困难的能力 为了辅助技术服务的持续发展,参与增强专业性活动的能力 为了获得辅助技术相关的信息,了解期刊或者访问网站的能力 为了确保辅助技术的专业性,提高了解相关技术的能力 根据辅助技术服务的运用成效,评估残疾学生的态度并反映实际情况的能力
合作	针对残疾学生的教育需求,参与多学科评估小组的能力 为了辅助技术的教学指导计划的制订,参与多学科小组的能力 与辅助技术专家或教育专家合作的能力 对于购买辅助技术装置,与其负责人员相互合作的能力 为了使用与指导适合的辅助技术,与相关服务人员共同决策的能力 实施转衔教育时,确定辅助技术的需求及与职业康复人员相互合作的能力 为了残疾学生能够使用一般的教育技术,与普通教师相互合作的能力 与从事各种残疾类型辅助技术工作的专家进行有效沟通的能力 能够向学生周围人群(父母、普通教师、辅助教师)说明辅助技术装置使用与管理的能力。 向相关机构负责人阐述残疾学生辅助技术需求的能力

三、特殊教育教师辅助技术专业能力相关研究

首先通过对我国 61 名特殊教育教师辅助技术重要度的研究结果发现,特殊教育教师辅助技术重要度依次为技能、态度、知识。此外,在特殊教育教师的影响因素中,根据学校性质、辅助技术教育背景和教师任教的学生障碍类型对辅助技术重要度的认识存在显著性差异(高亮,2009)。根据对贵州省 90 名特殊学校教师辅助技术知识和技能的研究结果发现,特殊教育教师缺乏辅助技术知识和技能,辅助技术培训机会较少(肖菊英 等,2018)。此外,通过探寻美国高等特殊教育专业学生辅助技术素养培养模式的社会背景和实施途径,展现美国辅助技术在特殊教育中的应用现状和发展,寻找美国残疾人获得辅助技术装置和辅助技术服务的法律依据,梳理美国高等特殊教育专业学生辅助技术专业能力的培养目标、培养内容和培养方法,并述评美国模式的特点和局限,在

借鉴美国先进经验并结合我国实际情况的前提下,为我国高等特殊教育专业如何培养学生的辅助技术素养提出建议(郑遥,2010)。

同时我国台湾地区也强调了特殊教育教师应具备的辅助技术素养。特殊教育教师可能会因辅具信息缺乏及与专业人员互动的不足,而影响特殊儿童接受辅助技术服务的质量,因此造成学生辅助性需求与学校提供的辅助技术服务之间存在差距。黄昱欣提出促进特殊教育教师与专业人员团队合作,提升特殊教育教师辅助技术的基本知识。特殊教育相关人员对辅助技术相关专业知识的理解仍有待提高,其缺乏运用辅助技术协助学生学习的能力。教育行政单位应多办理特殊教育教师在职进修以加强在职特殊教育教师的专业能力,并鼓励各师范院校开设辅助技术相关课程(吴亭芳 等,2000)。有专家以特殊教育教师为研究对象,对200名师大特殊教育研究所暑期班学员进行调查,目的在于根据特殊教育专业能力发展需求取向的评估,尝试提出一个综合性在职训练的初步参考架构。问卷内容包含八个特殊教育主要专业领域:特教知识、课程设计、教学策略、诊断评估、行为辅导、保健与医护、沟通与协调、亲职教育,全卷共有六十题,其中与辅助技术有关的问题在熟知度与重复度排序上均处于后10位(蔡崇建,1994)。

对我国台湾地区255名特殊教育教师辅助技术专业能力必要水平的研究结果表明,特殊教育教师的年龄、服务学校地区、教育经历、大学所学专业、特殊教育背景、辅助技术教育背景对特殊教育教师辅助技术专业能力必要水平的影响存在显著性差异,同时也发现特殊教育教师具备辅助技术相关知识程度会影响其使用辅助技术的意愿。所以特殊教育教师要对辅助技术具有较高的认识、使用能力及积极的态度,也就是说特殊教育教师应具有基本的辅助技术知识与技能,才能帮助特殊教育需要学生进行个别化学习(张美雯,2002)。

调查美国印第安纳、肯塔基与田纳西三个州405名公立学校的特殊教育教师使用辅助技术现状的结果发现,有41%的特殊教育教师表示他们缺乏在课堂上运用辅助技术的技能,因此不能够很好地帮助残疾学生使用辅助技术。坎贝尔对波士顿地区公立学校125名普通教师与125名特殊教育教师是否具备辅助技术知识与态度有无差异进行了调查。结果显示,在辅助技术知识方面的熟悉程度会因教师任教班级类型、特教年资不同、年龄、学历而有所差异;其对辅助性科技之态度的调查结果显示,教师会因任教班级类型、性别因素而对辅助技术有不同的态度。李和维格针对美国加州地区的特殊教育教师,调查其使用辅助技术的知识和态度,结果显示,受过辅助技术培训的特殊教育教师有较高的辅助技术专业能力,其也认为辅助技术是学生学习生活中重要的一环,此外,结果还显示缺乏辅助技术知识是使用辅助技术最大的阻碍。

史密斯等人参考美国特殊儿童委员会制定的特殊教育教师应具备的辅助技术知识

和技能相关标准,选取盲校教师和辅助技术专家共34名,采用德尔菲法开展盲校教师辅助技术研究,通过各种程序提出了盲校教师应具备的辅助技术专业能力必要水平标准。即盲校教师必须具备的辅助技术专业能力必要水平标准包括10个维度:辅助技术的基础(10个题项)、与残疾有关的考虑事项(9个题项)、辅助技术的使用(22个题项)、教学策略(11个题项)、学习环境(10个题项)、信息获取(11个题项)、教学设计(11个题项)、评估(6个题项)、专业发展(11个题项)、合作(10个题项),总共111个题项。周等人对盲校教师和特殊教育相关专家进行辅助技术专业能力成就水平的研究,最终通过相关专家研讨,在111个题项中选择74个题项来作为辅助技术专业能力成就水平的测量标准,即与残疾有关的考虑事项(9个题项)、辅助技术的使用(22个题项)、教学策略(11个题项)、学习环境(10个题项)、信息获取(11个题项)、专业发展(11个题项),总共6个维度74个题项。此外,周等人使用了史密斯等人提出的盲校教师应具备的辅助技术专业能力成就水平标准(10个维度,111个题项),以盲校的840名教师作为研究对象,结果发现10个维度中有7个维度处于较高水平,3个维度处于中等水平。

柳等人比较美国盲校教师与韩国盲校教师辅助技术专业能力成就水平的研究结果发现,韩国盲校教师辅助技术专业能力成就水平的6个维度(与残疾有关的事项、辅助技术的使用、教学策略、学习环境、信息获取、专业发展)均低于美国盲校教师辅助技术专业能力成就水平。

第三章

特殊教育教师辅助技术专业能力基本情况调查

第一节 特殊教育教师辅助技术专业能力基本情况调查研究设计

为了更好地了解目前我国特殊教育教师的辅助技术专业能力基本情况,本研究的问题设置如下:

特殊教育教师的辅助技术专业能力现状如何?

特殊教育教师的辅助技术专业能力的重要度与实施度有无差异?

基于IPA分析法特殊教育教师的辅助技术专业能力重要度与实施度差异状态如何?

特殊教育教师的辅助技术专业能力的影响因素有哪些?

第二节 特殊教育教师辅助技术专业能力基本情况调查研究方法

一、研究对象

本研究以有辅助技术使用经验的特殊教育教师为研究对象。采取抽样调查的方式,抽样调查了北京市、天津市、山西省、河北省、辽宁省、吉林省、黑龙江省、上海市、江苏省、浙江省、安徽省、福建省、江西省、山东省、河南省、湖北省、湖南省、广东省、重庆市、四川省、贵州省、云南省、陕西省等共23个省市,共发放500份问卷,回收461份(92.2%),在剔除52份无效问卷后最终选择409份(81.8%)有效问卷。特殊教育教师的基本信息包括教师的性别、年龄、教龄、学历、教师资格证类型、任教班级学生障碍类型、有无辅助技术培训经验,具体的情况见表3-1。

表3-1 特殊教育教师基本信息

分类		人数/人	百分比/%
性别	男	88	21.5
	女	321	78.5
年龄	20～30岁	233	57.0
	31～40岁	92	22.5
	41～50岁	51	12.5
	50岁以上	33	8.0

续表

分类		人数/人	百分比/%
教龄	1~10年	332	81.2
	11~20年	52	12.7
	20年以上	25	6.1
学历	专科毕业	76	18.6
	本科毕业	290	70.9
	研究生毕业	43	10.5
教师资格证类型	特殊教育教师资格证	105	25.7
	普通教师资格证	304	74.3
任教班级学生障碍类型	视觉障碍	24	5.9
	听觉障碍	70	17.1
	智力障碍	186	45.5
	肢体障碍	12	2.9
	孤独症	93	22.7
	其他	24	5.9
有无辅助技术培训经验	有	69	16.9
	没有	340	83.1

从表3-1特殊教育教师的基本信息可知，在性别上，男性教师偏少，仅为88人，占总人数的21.5%，女性教师为321人，占总人数的78.5%；在年龄上，20~30岁的教师最多，为233人，占总人数的57.0%，31~40岁的教师为92人，占总人数的22.5%，41~50岁的教师为51人，占总人数的12.5%，50岁以上的教师为33人，占总人数的8.0%；在教龄上，教龄在1~10年的教师最多，为332人，占总人数的81.2%，教龄在11~20年的教师为52人，占总人数的12.7%，教龄在20年以上的教师为25人，占总人数的6.1%；在学历上，专科学历教师为76人，占总人数的18.6%，本科学历教师最多，为290人，占总人数的70.9%，研究生学历教师为43人，占总人数的10.5%；在教师资格证类型上，取得特殊教育教师资格证的教师偏少，仅为105人，占总人数的25.7%，取得普通教师资格证的教师为304人，占总人数的74.3%；在任教班级学生障碍类型上，教授视觉障碍学生的教师为24人，占总人数的5.9%，教授听觉障碍学生的教师为70人，占总人数的17.1%，教授智力障碍学生的教师最多，为186人，占总人数

的 45.5%，教授肢体障碍学生的教师为 12 人，占总人数的 2.9%，教授其他障碍类型学生的教师为 24 人，占总人数的 5.9%；在有无辅助技术培训经验上，有辅助技术培训经验的教师偏少，仅为 69 人，占总人数的 16.9%，没有辅助技术培训经验的教师偏多，为 340 人，占总人数的 83.1%。

二、研究工具

本研究主要采取问卷调查的方式，该量表参考（Ryu，2016）的资料分析而编制，并且经过内容效度的检验和预备调查实施后最终完成。针对题项内容的适合程度采用 5 点记分法来进行内容效度的检验，分别为"非常不合适"是"1 分"，"不合适"是"2 分"，"一般"是"3 分"，"合适"是"4 分"，"非常合适"是"5 分"，得分越高，表明该题项内容越适合。经过预备调查后内容效度调查结果见表 3-2。

表 3-2　内容效度调查结果

题项	内容	M	SD
1	残疾人辅助技术的发展史	4.00	0.97
2	与辅助技术相关的政策法规	4.00	0.97
3	辅助技术装置与辅助技术服务的定义	4.10	1.02
4	提供辅助技术服务所需的文件	3.75	0.85
5	低端技术与高端技术之间的差异	3.60	1.04
6	辅助技术装置购入时相关的政策法规	3.60	0.99
7	辅助技术与职业教育相关的知识	4.15	0.87
8	辅助技术与通用学习设计相关的知识	4.05	0.88
9	为了辅助技术装置的使用，了解与安装相关的基本概念	3.80	0.83
10	与辅助技术装置管理相关的基本概念与教学策略	4.05	0.88
11	使用辅助技术装置发生问题时，解决问题的教学策略	3.85	0.93
12	作为转衔教育的一部分，与就业相关辅助技术的教学策略	4.00	0.85
13	指导获得辅助技术装置与辅助技术服务的教学策略	4.10	0.85
14	根据不同年龄段残疾学生的概念发展和运动能力而选用不同辅助技术的教学策略	4.30	0.73
15	制订辅助技术使用教学计划的策略	3.90	0.85

续表

题项	内容	M	SD
16	考虑残疾学生是否存在多重障碍,具有指导辅助技术的能力	4.05	0.83
17	根据学生的规模指导辅助技术的策略	4.00	0.92
18	根据残疾学生的需求,收集辅助技术资料和修改教学计划的策略	4.10	0.85
19	在特定的学习环境中,评估与促进辅助技术使用的能力	4.25	0.85
20	根据残疾学生不同的需求,营造指导辅助技术环境的能力	4.30	0.80
21	在不同环境中使用辅助技术时,指导适合的社会技能的能力	4.25	0.85
22	在最小限制环境及不同的场所中,能够使用辅助技术的知识	4.50	0.69
23	使用辅助技术使残疾学生融入普通学校的相关策略	4.30	0.73
24	擅长借助辅助技术来营造课堂环境	4.20	0.77
25	不同环境下选用辅助技术的合适使用方法	4.50	0.69
26	携带型辅助技术装置所需要的环境及其相关局限性	4.00	0.79
27	根据残疾学生的不同情况,制订适合他们的辅助技术教学设计	4.20	0.89
28	根据评估的需求,制订辅助技术的教学设计	4.15	0.81
29	为了制订有效的辅助技术指导计划,具备管理时间与人员的能力	4.05	0.83
30	在教学设计中阐述与辅助技术有关的目标	4.10	0.85
31	必要时在原始方法之外,通过其他方法使用辅助技术	3.85	1.09
32	为了评估学生使用辅助技术的能力,记录与分析数据的方法	3.90	0.79
33	制订教学设计时研究辅助技术及其应用的知识	4.05	0.89
34	在教学设计中如何融入使用辅助技术的知识	4.30	0.86
35	根据不同年级、不同年龄的残疾学生,进行辅助技术评估的能力	4.10	0.85
36	分析评估结果和编写评估报告书的能力	4.10	0.72
37	在个别化教育计划中,评估使用辅助技术装置目标的能力	4.15	0.93
38	使用辅助技术后,评估残疾学生独立性的能力	4.25	0.85
39	指导辅助技术后,评估残疾学生理解程度的能力	4.20	0.89
40	评估辅助技术装置效果的能力	4.00	0.86
41	为了增强辅助技术的专业性,了解关于筹措资金的知识	3.85	0.81

续表

题项	内容	M	SD
42	为了支持残疾人辅助技术,了解相关社区或国家部门的信息	3.95	0.69
43	与辅助技术组织或协会相关的信息	3.85	0.81
44	与辅助技术开发商或供应商相关的信息	3.35	0.81
45	与社区或者国家运营的辅助技术消费者团体组织相关的信息	3.70	0.87
46	通过相关组织对于辅助技术的支持,解决残疾学生家庭困难的能力	3.80	0.89
47	为了辅助技术服务的持续发展,参与增强专业性活动的能力	3.85	0.81
48	为了获得辅助技术相关的信息,了解期刊或者访问网站的能力	4.00	0.72
49	为了确保辅助技术的专业性,提高了解相关技术的能力	4.35	0.67
50	根据辅助技术服务的运用成效,评估残疾学生的态度并反映实际情况的能力	4.25	0.72
51	针对残疾学生的教育需求,参与多学科评估小组的能力	4.30	0.73
52	为了辅助技术的教学指导计划的制订,参与多学科小组的能力	4.35	0.67
53	与辅助技术专家或教育专家合作的能力	4.35	0.67
54	对于购买辅助技术装置,与其负责人员相互合作的能力	4.00	0.79
55	为了使用与指导适合的辅助技术,与相关服务人员共同决策的能力	4.20	0.62
56	实施转衔教育时,确定辅助技术的需求以及与职业康复人员相互合作的能力	4.25	0.72
57	为了残疾学生能够使用一般的教育技术,与普通教师相互合作的能力	4.25	0.72
58	与从事各种残疾类型辅助技术工作的专家进行有效沟通的能力	4.20	0.70
59	向学生周围人群(父母、普通教师、辅助教师)说明辅助技术装置使用与管理方法的能力	4.20	0.83
60	向相关机构负责人阐述残疾学生辅助技术需求的能力	3.90	0.64

从表3-2内容效度调查结果来看,第1题、第2题、第3题、第7题、第8题、第10题、第12题、第13题、第14题、第16题、第17题、第18题、第19题、第20题、第21题、第22题、第23题、第24题、第25题、第26题、第27题、第28题、第29题、第30题、第

33 题、第 34 题、第 35 题、第 36 题、第 37 题、第 38 题、第 39 题、第 40 题、第 48 题、第 49 题、第 50 题、第 51 题、第 52 题、第 53 题、第 54 题、第 55 题、第 56 题、第 57 题、第 58 题、第 59 题的平均值都高于 4 分。第 4 题、第 5 题、第 6 题、第 9 题、第 11 题、第 15 题、第 31 题、第 32 题、第 41 题、第 42 题、第 43 题、第 44 题、第 45 题、第 46 题、第 47 题、第 60 题的平均值低于其他题项的平均值但是总体都超过 3 分,因此这些题项没有被删除。

最终该量表由基础知识(8 个题项)、教学策略(10 个题项)、学习环境(8 个题项)、教学设计(8 个题项)、评估(6 个题项)、专业发展(10 个题项)、合作(10 个题项)7 个维度,共 60 个题项构成。目前,该量表在韩国已被广泛应用,并具有良好的信效度。

在本研究中,表 3-3 以 α 系数作为内部一致性信度检验的指标,总量表的信度检验 α 系数为 0.983,其中基础知识的信度检验 α 系数为 0.892,教学策略的信度检验 α 系数为 0.913,学习环境的信度检验 α 系数为 0.897,教学设计的信度检验 α 系数为 0.907,评估的信度检验 α 系数为 0.887;专业发展的信度检验 α 系数为 0.914;合作的信度检验 α 系数为 0.927。

重要度量表的信度检验 α 系数为 0.963,其中基础知识的信度检验 α 系数为 0.917,教学策略的信度检验 α 系数为 0.940,学习环境的信度检验 α 系数为 0.933,教学设计的信度检验 α 系数为 0.935,评估的信度检验 α 系数为 0.937,专业发展的信度检验 α 系数为 0.950,合作的信度检验 α 系数为 0.952。

实施度量表的信度检验 α 系数为 0.964,其中基础知识的信度检验 α 系数为 0.912,教学策略的信度检验 α 系数为 0.933,学习环境的信度检验 α 系数为 0.929,教学设计的信度检验 α 系数为 0.932,评估的信度检验 α 系数为 0.920,专业发展的信度检验 α 系数为 0.947,合作的信度检验 α 系数为 0.944。

本研究为了比较特殊教育教师的辅助技术专业能力的重要度与实施度差异采用重要度-实施度(importance - performance analysis,IPA)分析法。IPA 分析法最初被应用于经营学(Martilla et al.,1977),目前在国内也被应用于心理学与教育学。因此本研究参考相关研究对辅助技术专业能力的维度与题项进行编码,首先将 7 个维度"基础知识、教学策略、学习环境、教学设计、评估、专业发展、合作"进行编码并用"a、b、c、d、e、f、g"表示,接下来将题项进行编码,分别是基础知识题项用"a01~a08"表示,教学策略题项用"b09~b18"表示,学习环境题项用"c19~c26"表示,教学设计题项用"d27~d34"表示,评估题项用"e35~e40"表示。专业发展题项用"f41~f50"表示,合作题项用"g51~g60"表示。

表 3-3　量表编码

编码		题项数	Cronbach's α		
维度	题项		重要度	实施度	全部
a. 基础知识	a01～a08	8	0.917	0.912	0.892
b. 教学策略	b09～b18	10	0.940	0.933	0.913
c. 学习环境	c19～c26	8	0.933	0.929	0.897
d. 教学设计	d27～d34	8	0.935	0.932	0.907
e. 评估	e35～e40	6	0.937	0.920	0.887
f. 专业发展	f41～f50	10	0.950	0.947	0.914
g. 合作	g51～g60	10	0.952	0.944	0.927
总计		60	0.963	0.964	0.983

三、研究过程

本研究考虑到需严守政治性、秉持科学性、把握时效性、坚持准确性等原则，故将本研究过程分为四个阶段，具体的研究计划安排见表 3-4。

表 3-4　研究计划安排表

研究阶段	主要目标	主要内容
第一阶段 (2019.09 - 2019.12)	准备	(1)广泛查阅资料；(2)形成文献综述； (3)收集权威资料；(4)完善研究框架
第二阶段 (2020.01 - 2020.12)	调查	(1)实施预备调查；(2)修改回馈意见； (3)开展实地调查；(4)统计分析资料
第三阶段 (2021.01 - 2021.09)	研究	(1)补充完善调研；(2)撰写研究成果； (3)撰写提升建议；(4)形成阶段成果
第四阶段 (2021.10 - 2022.06)	完成	(1)精细修改成果；(2)形成最终结果； (3)提交有关部门；(4)完成最终结果

四、数据处理

本研究主要使用 SPSS 与 IPA 分析法来进行数据处理,首先通过使用频率和百分比来分析特殊教育教师辅助技术专业能力现状,使用配对样本 T 检验来分析特殊教育教师的辅助技术专业能力的重要度与实施度差异,使用 T 检验和 F 检验来分析影响特殊教育教师的辅助技术专业能力的因素,最后通过 IPA 分析法来分析特殊教育教师的辅助技术专业能力重要度与实施度差异的状态,具体 IPA 分析图见图 3-1。

	高实施度		
低重要度	第二象限 (控制优化区) 过度努力	第一象限 (优势区) 继续保持	高重要度
	第三象限 (加强区) 低优先项	第四象限 (优先改进区) 重点改进	
	低实施度		

图 3-1 IPA 分析图

IPA 分析图共分为四个象限,第一象限为优势区(高重要度、高实施度),这一象限表明特殊教育教师认为辅助技术相关专业能力非常重要的同时实施度也非常高;第二象限为控制优化区(低重要度、高实施度),这一象限表明特殊教育教师认为辅助技术相关专业能力不是非常重要,但是实施度非常高;第三象限为加强区(低重要度、低实施度),这一象限表明特殊教育教师认为辅助技术相关专业能力不是很重要的同时实施度也非常低;第四象限为优先改进区(高重要度、低实施度),这一象限表明特殊教育教师认为辅助技术相关专业能力非常重要,但是实施度非常低。

第三节　特殊教育教师辅助技术专业能力基本情况调查结果

一、特殊教育教师辅助技术专业能力重要度与实施度现状分析

(一)特殊教育教师辅助技术专业能力重要度现状分析

1. 特殊教育教师辅助技术基础知识重要度现状分析

特殊教育教师辅助技术基础知识重要度现状分析结果见表 3-5。

表 3-5　基础知识重要度现状分析

a.基础知识	①	②	③	④	⑤
a01.残疾人辅助技术的发展史	9(2.2)	27(6.6)	109(26.7)	170(41.6)	94(23.0)
a02.与辅助技术相关的政策法规	8(2.0)	50(12.2)	119(29.1)	157(38.4)	75(18.3)
a03.辅助技术装置与辅助技术服务的定义	15(3.7)	26(6.4)	138(33.7)	153(37.4)	77(18.8)
a04.提供辅助技术服务所需的文件	11(2.7)	36(8.8)	131(32.0)	153(37.4)	78(19.1)
a05.低端技术与高端技术之间的差异	13(3.2)	48(11.7)	141(34.5)	140(34.2)	67(16.4)
a06.辅助技术装置购入时相关的政策法规	8(2.0)	49(12.0)	114(27.9)	153(37.4)	85(20.8)
a07.辅助技术与职业教育相关的知识	17(4.2)	33(8.1)	128(31.3)	141(34.5)	90(22.0)
a08.辅助技术与通用学习设计相关的知识	10(2.4)	38(9.3)	106(25.9)	171(41.8)	84(20.5)

注：①非常不重要；②不重要；③一般；④重要；⑤非常重要。

从表 3-5 特殊教育教师辅助技术基础知识重要度现状调查结果得知，在"a01.残疾人辅助技术的发展史"题项中，认为非常不重要的特殊教育教师为 9 人(2.2%)，认为不重要的特殊教育教师为 27 人(6.6%)，认为一般的特殊教育教师为 109 人(26.7%)，认为重要的特殊教育教师为 170 人(41.6%)，认为非常重要的特殊教育教师为 94 人(23.0%)。

在"a02.与辅助技术相关的政策法规"题项中，认为非常不重要的特殊教育教师为 8 人(2.0%)，认为不重要的特殊教育教师为 50 人(12.2%)，认为一般的特殊教育教师为 119 人(29.1%)，认为重要的特殊教育教师为 157 人(38.4%)，认为非常重要的特殊教育教师为 75 人(18.3%)。

在"a03.辅助技术装置与辅助技术服务的定义"题项中，认为非常不重要的特殊教育教师为 15 人(3.7%)，认为不重要的特殊教育教师为 26 人(6.4%)，认为一般的特殊教育教师为 138 人(33.7%)，认为重要的特殊教育教师为 153 人(37.4%)，认为非常重要的特殊教育教师为 77 人(18.8%)。

在"a04.提供辅助技术服务所需的文件"题项中,认为非常不重要的特殊教育教师为 11 人(2.7%),认为不重要的特殊教育教师为 36 人(8.8%),认为一般的特殊教育教师为 131 人(32.0%),认为重要的特殊教育教师为 153 人(37.4%),认为非常重要的特殊教育教师为 78 人(19.1%)。

在"a05.低端技术与高端技术之间的差异"题项中,认为非常不重要的特殊教育教师为 13 人(3.2%),认为不重要的特殊教育教师为 48 人(11.7%),认为一般的特殊教育教师为 141 人(34.5%),认为重要的特殊教育教师为 140 人(34.2%),认为非常重要的特殊教育教师为 67 人(16.4%)。

在"a06.辅助技术装置购入时相关的政策法规"题项中,认为非常不重要的特殊教育教师为 8 人(2.0%),认为不重要的特殊教育教师为 49 人(12.0%),认为一般的特殊教育教师为 114 人(27.9%),认为重要的特殊教育教师为 153 人(37.4%),认为非常重要的特殊教育教师为 85 人(20.8%)。

在"a07.辅助技术与职业教育相关的知识"题项中,认为非常不重要的特殊教育教师为 17 人(4.2%),认为不重要的特殊教育教师为 33 人(8.1%),认为一般的特殊教育教师为 128 人(31.3%),认为重要的特殊教育教师为 141 人(34.5%),认为非常重要的特殊教育教师为 90 人(22.0%)。

在"a08.辅助技术与通用学习设计相关的知识"题项中,认为非常不重要的特殊教育教师为 10 人(2.4%),认为不重要的特殊教育教师为 38 人(9.3%),认为一般的特殊教育教师为 106 人(25.9%),认为重要的特殊教育教师为 171 人(41.8%),认为非常重要的特殊教育教师为 84 人(20.5%)。

2. 特殊教育教师辅助技术教学策略重要度现状分析

特殊教育教师辅助技术教学策略重要度现状分析结果见表 3-6。

表 3-6 教学策略重要度现状分析

b.教学策略	①	②	③	④	⑤
b09.为了辅助技术装置的使用,了解与安装相关的基本概念	14(3.4)	52(12.7)	105(25.7)	154(37.7)	84(20.5)
b10.与辅助技术装置管理相关的基本概念与教学策略	23(5.6)	43(10.5)	107(26.2)	148(36.2)	88(21.5)
b11.使用辅助技术装置发生问题时,解决问题的教学策略	9(2.2)	35(8.6)	98(24.0)	180(44.0)	87(21.3)

续表

b. 教学策略	①	②	③	④	⑤
b12. 作为转衔教育的一部分,与就业相关辅助技术的教学策略	7(1.7)	43(10.5)	98(24.0)	162(39.6)	99(24.2)
b13. 指导获得辅助技术装置与辅助技术服务的教学策略	12(2.9)	34(8.3)	118(28.9)	139(34.0)	106(25.9)
b14. 适合不同年龄段残疾学生的概念发展和运动能力而使用不同辅助技术的教学策略	4(1.0)	44(10.8)	109(26.7)	146(35.7)	106(25.9)
b15. 制订辅助技术使用教学计划的策略	10(2.4)	34(8.3)	109(26.7)	161(39.4)	95(23.2)
b16. 考虑残疾学生是否存在多重障碍,具有指导辅助技术的能力	17(4.2)	30(7.3)	97(23.7)	168(41.1)	97(23.7)
b17. 根据学生的规模指导辅助技术的策略	20(4.9)	29(7.1)	100(24.4)	155(37.9)	105(25.7)
b18. 根据残疾学生的需求,收集辅助技术资料和修改教学计划的策略	16(3.9)	34(8.3)	105(25.7)	150(36.7)	104(25.4)

注:①非常不重要;②不重要;③一般;④重要;⑤非常重要。

从表3-6特殊教育教师辅助技术教学策略重要度现状调查结果得知,在"b09.为了辅助技术装置的使用,了解与安装相关的基本概念"题项中,认为非常不重要的特殊教育教师为14人(3.4%),认为不重要的特殊教育教师为52人(12.7%),认为一般的特殊教育教师为105人(25.7%),认为重要的特殊教育教师为154人(37.7%),认为非常重要的特殊教育教师为84人(20.5%)。

在"b10.与辅助技术装置管理相关的基本概念与教学策略"题项中,认为非常不重要的特殊教育教师为23人(5.6%),认为不重要的特殊教育教师为43人(10.5%),认为一般的特殊教育教师为107人(26.2%),认为重要的特殊教育教师为148人(36.2%),认为非常重要的特殊教育教师为88人(21.5%)。

在"b11.使用辅助技术装置发生问题时,解决问题的教学策略"题项中,认为非常不重要的特殊教育教师为9人(2.2%),认为不重要的特殊教育教师为35人(8.6%),认为一般的特殊教育教师为98人(24.0%),认为重要的特殊教育教师为180人(44.0%),

认为非常重要的特殊教育教师为 87 人(21.3%)。

在"b12.作为转衔教育的一部分,与就业相关辅助技术的教学策略"题项中,认为非常不重要的特殊教育教师为 7 人(1.7%),认为不重要的特殊教育教师为 43 人(10.5%),认为一般的特殊教育教师为 98 人(24.0%),认为重要的特殊教育教师为 162 人(39.6%),认为非常重要的特殊教育教师为 99 人(24.2%)。

在"b13.指导获得辅助技术装置与辅助技术服务的教学策略"题项中,认为非常不重要的特殊教育教师为 12 人(2.9%),认为不重要的特殊教育教师为 34 人(8.3%),认为一般的特殊教育教师为 118 人(28.9%),认为重要的特殊教育教师为 139 人(34.0%),认为非常重要的特殊教育教师为 106 人(25.9%)。

在"b14.适合不同年龄段残疾学生的概念发展和运动能力而使用不同辅助技术的教学策略"题项中,认为非常不重要的特殊教育教师为 4 人(1.0%),认为不重要的特殊教育教师为 44 人(10.8%),认为一般的特殊教育教师为 109 人(26.7%),认为重要的特殊教育教师为 146 人(35.7%),认为非常重要的特殊教育教师为 106 人(25.9%)。

在"b15.制订辅助技术使用教学计划的策略"题项中,认为非常不重要的特殊教育教师为 10 人(2.4%),认为不重要的特殊教育教师为 34 人(8.3%),认为一般的特殊教育教师为 109 人(26.7%),认为重要的特殊教育教师为 161 人(39.4%),认为非常重要的特殊教育教师为 95 人(23.2%)。

在"b16.考虑残疾学生是否存在多重障碍,具有指导辅助的技术"题项中,认为非常不重要的特殊教育教师为 17 人(4.2%),认为不重要的特殊教育教师为 30 人(7.3%),认为一般的特殊教育教师为 97 人(23.7%),认为重要的特殊教育教师为 168 人(41.1%),认为非常重要的特殊教育教师为 97 人(23.7%)。

在"b17.根据残疾学生的规模指导辅助技术的策略"题项中,认为非常不重要的特殊教育教师为 20 人(4.9%),认为不重要的特殊教育教师为 29 人(7.1%),认为一般的特殊教育教师为 100 人(24.4%),认为重要的特殊教育教师为 155 人(37.9%),认为非常重要的特殊教育教师为 105 人(25.7%)。

在"b18.根据残疾学生的需求,收集辅助技术资料和修改教学计划的策略"题项中,认为非常不重要的特殊教育教师为 16 人(3.9%),认为不重要的特殊教育教师为 34 人(8.3%),认为一般的特殊教育教师为 105 人(25.7%),认为重要的特殊教育教师为 150 人(36.7%),认为非常重要的特殊教育教师为 104 人(25.4%)。

3. 特殊教育教师辅助技术学习环境重要度现状分析

特殊教育教师辅助技术学习环境重要度现状分析结果见表 3-7。

表 3-7 学习环境重要度现状分析

c.学习环境	①	②	③	④	⑤
c19.在特定的学习环境中,评估与促进辅助技术使用的能力	18(4.4)	35(8.6)	91(22.2)	174(42.5)	91(22.2)
c20.根据残疾学生不同的需求,营造指导辅助技术环境的能力	4(1.0)	40(9.8)	78(19.1)	170(41.6)	117(28.5)
c21.在不同环境中使用辅助技术时,指导适合的社会技能的能力	2(0.5)	29(7.1)	104(25.4)	174(42.5)	100(24.4)
c22.在最小限制环境及不同的场所中,能够使用辅助技术的知识	9(2.2)	30(7.3)	96(23.5)	183(44.7)	91(22.2)
c23.使用辅助技术使残疾学生融入普通学校的相关策略	4(1.0)	38(9.3)	92(22.5)	169(41.3)	106(25.9)
c24.擅长借助辅助技术来营造课堂环境	18(4.4)	28(6.8)	119(29.1)	151(36.9)	93(22.7)
c25.不同环境下辅助技术的合适使用方法	6(1.5)	26(6.4)	101(24.7)	163(39.9)	113(27.6)
c26.携带型辅助技术装置所需要的环境及其相关局限性	15(3.7)	41(10.0)	107(26.2)	153(37.4)	93(22.7)

注:①非常不重要;②不重要;③一般;④重要;⑤非常重要

从表 3-7 特殊教育教师辅助技术学习环境重要度现状调查结果得知,在"c19.在特定的学习环境中,评估与促进辅助技术使用的能力"题项中,认为非常不重要的特殊教育教师为 18 人(4.4%),认为不重要的特殊教育教师为 35 人(8.6%),认为一般的特殊教育教师为 91 人(22.2%),认为重要的特殊教育教师为 174 人(42.5%),认为非常重要的特殊教育教师为 91 人(22.2%)。

在"c20.根据残疾学生不同的需求,营造指导辅助技术环境的能力"题项中,认为非常不重要的特殊教育教师为 4 人(1.0%),认为不重要的特殊教育教师为 40 人(9.8%),认为一般的特殊教育教师为 78 人(19.1%),认为重要的特殊教育教师为 170 人(41.6%),认为非常重要的特殊教育教师为 117 人(28.5%)。

在"c21.在不同环境中使用辅助技术时,指导适合的社会技能的能力"题项中,认为非常不重要的特殊教育教师为 2 人(0.5%),认为不重要的特殊教育教师为 29 人(7.1%),认为一般的特殊教育教师为 104 人(25.4%),认为重要的特殊教育教师为 174 人(42.5%),认为非常重要的特殊教育教师为 100 人(24.4%)。

在"c22.在最小限制环境与不同的场所中,能够使用辅助技术的知识"题项中,认为非常不重要的特殊教育教师为 9 人(2.2%),认为不重要的特殊教育教师为 30 人(7.3%),认为一般的特殊教育教师为 96 人(23.5%),认为重要的特殊教育教师为 183 人(44.7%),认为非常重要的特殊教育教师为 91 人(22.2%)。

在"c23.使用辅助技术使残疾学生融入普通学校的相关策略"题项中,认为非常不重要的特殊教育教师为 4 人(1.0%),认为不重要的特殊教育教师为 38 人(9.3%),认为一般的特殊教育教师为 92 人(22.5%),认为重要的特殊教育教师为 169 人(41.3%),认为非常重要的特殊教育教师为 106 人(25.9%)。

在"c24.擅长借助辅助技术来营造课堂环境"题项中,认为非常不重要的特殊教育教师为 18 人(4.4%),认为不重要的特殊教育教师为 28 人(6.8%),认为一般的特殊教育教师为 119 人(29.1%),认为重要的特殊教育教师为 151 人(36.9%),认为非常重要的特殊教育教师为 93 人(22.7%)。

在"c25.不同环境下辅助技术的合适使用方法"题项中,认为非常不重要的特殊教育教师为 6 人(1.5%),认为不重要的特殊教育教师为 26 人(6.4%),认为一般的特殊教育教师为 101 人(24.7%),认为重要的特殊教育教师为 163 人(39.9%),认为非常重要的特殊教育教师为 113 人(27.6%)。

在"c26.携带型辅助技术装置所需要的环境及其相关局限性"题项中,认为非常不重要的特殊教育教师为 15 人(3.7%),认为不重要的特殊教育教师为 41 人(10.0%),认为一般的特殊教育教师为 107 人(26.2%),认为重要的特殊教育教师为 153 人(37.4%),认为非常重要的特殊教育教师为 93 人(22.7%)。

4. 特殊教育教师辅助技术教学设计重要度现状分析

特殊教育教师辅助技术教学设计重要度现状分析结果见表 3-8。

表 3-8 教学设计重要度现状分析

d.教学设计	①	②	③	④	⑤
d27.根据残疾学生的不同情况,制订适合他们的辅助技术教学设计	5(1.2)	22(5.4)	114(27.9)	163(39.9)	105(25.7)
d28.根据评估的需求,制订辅助技术教学设计	9(2.2)	24(5.9)	99(24.2)	164(40.1)	113(27.6)
d29.为了制订有效的辅助技术指导计划,具备管理时间与人员的能力	14(3.4)	25(6.1)	109(26.7)	165(40.3)	96(23.5)

续表

d. 教学设计	①	②	③	④	⑤
d30. 在教学设计中阐述与辅助技术有关的目标	18(4.4)	26(6.4)	107(26.2)	160(39.1)	98(24.0)
d31. 必要时在原始方法之外,通过其他方法使用辅助技术	7(1.7)	18(4.4)	105(25.7)	194(47.4)	85(20.8)
d32. 为了评估学生使用辅助技术的能力,记录与分析数据的方法	14(3.4)	23(5.6)	104(25.4)	175(42.8)	93(22.7)
d33. 制订教学设计时研究辅助技术及其应用的知识	5(1.2)	38(9.3)	103(25.2)	166(40.6)	97(23.7)
d34. 在教学设计中如何融入使用辅助技术的知识	5(1.2)	20(4.9)	117(28.6)	170(41.6)	97(23.7)

注:①非常不重要;②不重要;③一般;④重要;⑤非常重要。

从表3-8特殊教育教师辅助技术教学设计重要度现状调查结果得知,在"d27.根据残疾学生的不同情况,制订适合他们的辅助技术教学设计"题项中,认为非常不重要的特殊教育教师为5人(1.2%),认为不重要的特殊教育教师为22人(5.4%),认为一般的特殊教育教师为114人(27.9%),认为重要的特殊教育教师为163人(39.9%),认为非常重要的特殊教育教师为105人(25.7%)。

在"d28.根据评估的需求,制订辅助技术的教学设计"题项中,认为非常不重要的特殊教育教师为9人(2.2%),认为不重要的特殊教育教师为24人(5.9%),认为一般的特殊教育教师为99人(24.2%),认为重要的特殊教育教师为164人(40.1%),认为非常重要的特殊教育教师为113人(27.6%)。

在"d29.为了制订有效的辅助技术指导计划,具备管理时间与人员的能力"题项中,认为非常不重要的特殊教育教师为14人(3.4%),认为不重要的特殊教育教师为25人(6.1%),认为一般的特殊教育教师为109人(26.7%),认为重要的特殊教育教师为165人(40.3%),认为非常重要的特殊教育教师为96人(23.5%)。

在"d30.在教学设计中阐述与辅助技术有关的目标"题项中,认为非常不重要的特殊教育教师为18人(4.4%),认为不重要的特殊教育教师为26人(6.4%),认为一般的特殊教育教师为107人(26.2%),认为重要的特殊教育教师为160人(39.1%),认为非常重要的特殊教育教师为98人(24.0%)。

在"d31.必要时在原始方法之外,通过其他方法使用辅助技术"题项中,认为非常不重要的特殊教育教师为7人(1.7%),认为不重要的特殊教育教师为18人(4.4%),认为一般的特殊教育教师为 105 人(25.7%),认为重要的特殊教育教师为 194 人(47.4%),认为非常重要的特殊教育教师为 85 人(20.8%)。

在"d32.为了评估学生使用辅助技术的能力,记录与分析数据的方法"题项中,认为非常不重要的特殊教育教师为 14 人(3.4%),认为不重要的特殊教育教师为 23 人(5.6%),认为一般的特殊教育教师为 104 人(25.4%),认为重要的特殊教育教师为 175 人(42.8%),认为非常重要的特殊教育教师为 93 人(22.7%)。

在"d33.制订教学设计时研究辅助技术及其应用的知识"题项中,认为非常不重要的特殊教育教师为 5 人(1.2%),认为不重要的特殊教育教师为 38 人(9.3%),认为一般的特殊教育教师为 103 人(25.2%),认为重要的特殊教育教师为 166 人(40.6%),认为非常重要的特殊教育教师为 97 人(23.7%)。

在"d34.在教学设计中如何融入使用辅助技术的知识"题项中,认为非常不重要的特殊教育教师为 5 人(1.2%),认为不重要的特殊教育教师为 20 人(4.9%),认为一般的特殊教育教师为 117 人(28.6%),认为重要的特殊教育教师为 170 人(41.6%),认为非常重要的特殊教育教师为 97 人(23.7%)。

5. 特殊教育教师辅助技术评估重要度现状分析

特殊教育教师辅助技术评估重要度现状分析结果见表 3-9

表 3-9 评估重要度现状分析

e.评估	①	②	③	④	⑤
e35.根据不同年级、不同年龄的残疾学生,进行辅助技术评估的能力	14(3.4)	30(7.3)	110(26.9)	162(39.6)	93(22.7)
e36.分析评估结果和编写评估报告书的能力	5(1.2)	30(7.3)	101(24.7)	174(42.5)	99(24.2)
e37.在个别化教育计划中,评估使用辅助技术装置目标的能力	4(1.0)	24(5.9)	133(32.5)	154(37.7)	94(23.0)
e38.使用辅助技术后,评估残疾学生独立性的能力	5(1.2)	24(5.9)	107(26.2)	176(43.0)	97(23.7)
e39.指导辅助技术后,评估残疾学生理解程度的能力	14(3.4)	43(10.5)	103(25.2)	167(40.8)	82(20.0)
e40.评估辅助技术装置效果的能力	3(0.7)	35(8.6)	112(27.4)	173(42.3)	86(21.0)

注:①非常不重要;②不重要;③一般;④重要;⑤非常重要。

从表3-9特殊教育教师辅助技术评估重要度现状调查结果得知,在"e35.根据不同年级、不同年龄的残疾学生,进行辅助技术评估的能力"题项中,认为非常不重要的特殊教育教师为14人(3.4%),认为不重要的特殊教育教师为30人(7.3%),认为一般的特殊教育教师为110人(26.9%),认为重要的特殊教育教师为162人(39.6%),认为非常重要的特殊教育教师为93人(22.7%)。

在"e36.分析评估结果和编写评估报告书的能力"题项中,认为非常不重要的特殊教育教师为5人(1.2%),认为不重要的特殊教育教师为30人(7.3%),认为一般的特殊教育教师为101人(24.7%),认为重要的特殊教育教师为174人(42.5%),认为非常重要的特殊教育教师为99人(24.2%)。

在"e37.在个别化教育计划中,评估使用辅助技术装置目标的能力"题项中,认为非常不重要的特殊教育教师为4人(1.0%),认为不重要的特殊教育教师为24人(5.9%),认为一般的特殊教育教师为133人(32.5%),认为重要的特殊教育教师为154人(37.7%),认为非常重要的特殊教育教师为94人(23.0%)。

在"e38.使用辅助技术后,评估残疾学生独立性的能力"题项中,认为非常不重要的特殊教育教师为5人(1.2%),认为不重要的特殊教育教师为24人(5.9%),认为一般的特殊教育教师为107人(26.2%),认为重要的特殊教育教师为176人(43.0%),认为非常重要的特殊教育教师为97人(23.7%)。

在"e39.指导辅助技术后,评估残疾学生理解程度的能力"题项中,认为非常不重要的特殊教育教师为14人(3.4%),认为不重要的特殊教育教师为43人(10.5%),认为一般的特殊教育教师为103人(25.2%),认为重要的特殊教育教师为167人(40.8%),认为非常重要的特殊教育教师为82人(20.0%)。

在"e40.评估辅助技术装置效果的能力"题项中,认为非常不重要的特殊教育教师为3人(0.7%),认为不重要的特殊教育教师为35人(8.6%),认为一般的特殊教育教师为112人(27.4%),认为重要的特殊教育教师为173人(42.3%),认为非常重要的特殊教育教师为86人(21.0%)。

6.特殊教育教师辅助技术专业发展重要度现状分析

特殊教育教师辅助技术专业发展重要度现状分析结果见表3-10。

表3-10 专业发展重要度现状分析

f.专业发展	①	②	③	④	⑤
f41.为了增强辅助技术的专业性,了解关于筹措资金的知识	6(1.5)	44(10.8)	107(26.2)	168(41.1)	84(20.5)

续表

f.专业发展	①	②	③	④	⑤
f42.为了支持残疾人辅助技术,了解相关社区或国家部门的信息	11(2.7)	34(8.3)	110(26.9)	177(43.3)	77(18.8)
f43.与辅助技术组织或协会相关的信息	9(2.2)	42(10.3)	102(24.9)	183(44.7)	73(17.8)
f44.与辅助技术开发商或供应商相关的信息	10(2.4)	42(10.3)	131(32.0)	152(37.2)	74(18.1)
f45.与社区或者国家运营的辅助技术消费者团体组织相关的信息	11(2.7)	46(11.2)	123(30.1)	152(37.2)	77(18.8)
f46.通过相关组织对于辅助技术的支持,解决残疾学生家庭困难的能力	12(2.9)	48(11.7)	110(26.9)	154(37.7)	85(20.8)
f47.为了辅助技术服务的持续发展,参与增强专业性活动的能力	20(4.9)	43(10.5)	99(24.2)	157(38.4)	90(22.0)
f48.为了获得辅助技术相关的信息,了解期刊或者访问网站的能力	8(2.0)	57(13.9)	115(28.1)	160(39.1)	69(16.9)
f49.为了确保辅助技术的专业性,提高了解相关技术的能力	6(1.5)	31(7.6)	134(32.8)	156(38.1)	82(20.0)
f50.根据辅助技术服务的运用成效,评估残疾学生的态度并反映实际情况的能力	3(0.7)	33(8.1)	117(28.6)	151(36.9)	105(25.7)

注:①非常不重要;②不重要;③一般;④重要;⑤非常重要。

从表3-10特殊教育教师辅助技术专业发展重要度现状调查结果得知,在"f41.为了增强辅助技术的专业性,了解关于筹措资金的知识"题项中,认为非常不重要的特殊教育教师为6人(1.5%),认为不重要的特殊教育教师为44人(10.8%),认为一般的特殊教育教师为107人(26.2%),认为重要的特殊教育教师为168人(41.1%),认为非常重要的特殊教育教师为84人(20.5%)。

在"f42.为了支持残疾人辅助技术,了解相关社区或国家部门的信息"题项中,认为非常不重要的特殊教育教师为11人(2.7%),认为不重要的特殊教育教师为34人(8.3%),认为一般的特殊教育教师为110人(26.9%),认为重要的特殊教育教师为177人

(43.3%),认为非常重要的特殊教育教师为77人(18.8%)。

在"f43.与辅助技术组织或协会相关的信息"题项中,认为非常不重要的特殊教育教师为9人(2.2%),认为不重要的特殊教育教师为42人(10.3%),认为一般的特殊教育教师为102人(24.9%),认为重要的特殊教育教师为183人(44.7%),认为非常重要的特殊教育教师为73人(17.8%)。

在"f44.与辅助技术开发商或供应商相关的信息"题项中,认为非常不重要的特殊教育教师为10人(2.4%),认为不重要的特殊教育教师为42人(10.3%),认为一般的特殊教育教师为131人(32.0%),认为重要的特殊教育教师为152人(37.2%),认为非常重要的特殊教育教师为74人(18.1%)。

在"f45.与社区或者国家运营的辅助技术消费者团体组织相关的信息"题项中,认为非常不重要的特殊教育教师为11人(2.7%),认为不重要的特殊教育教师为46人(11.2%),认为一般的特殊教育教师为123人(30.1%),认为重要的特殊教育教师为152人(37.2%),认为非常重要的特殊教育教师为77人(18.8%)。

在"f46.通过相关组织对于辅助技术的支持,解决残疾学生家庭困难的能力"题项中,认为非常不重要的特殊教育教师为12人(2.9%),认为不重要的特殊教育教师为48人(11.7%),认为一般的特殊教育教师为110人(26.9%),认为重要的特殊教育教师为154人(37.7%),认为非常重要的特殊教育教师为85人(20.8%)。

在"f47.为了辅助技术服务的持续发展,参与增强专业性活动的能力"题项中,认为非常不重要的特殊教育教师为20人(4.9%),认为不重要的特殊教育教师为43人(10.5%),认为一般的特殊教育教师为99人(24.2%),认为重要的特殊教育教师为157人(38.4%),认为非常重要的特殊教育教师为90人(22.0%)。

在"f48.为了获得辅助技术相关的信息,了解期刊或者访问网站的能力"题项中,认为非常不重要的特殊教育教师为8人(2.0%),认为不重要的特殊教育教师为57人(13.9%),认为一般的特殊教育教师为115人(28.1%),认为重要的特殊教育教师为160人(39.1%),认为非常重要的特殊教育教师为69人(16.9%)。

在"f49.为了确保辅助技术的专业性,提高了解相关技术的能力"题项中,认为非常不重要的特殊教育教师为6人(1.5%),认为不重要的特殊教育教师为31人(7.6%),认为一般的特殊教育教师为134人(32.8%),认为重要的特殊教育教师为156人(38.1%),认为非常重要的特殊教育教师为82人(20.0%)。

在"f50.根据辅助技术服务的运用成效,评估残疾学生的态度并反映实际情况的能力"题项中,认为非常不重要的特殊教育教师为3人(0.7%),认为不重要的特殊教育教师为33人(8.1%),认为一般的特殊教育教师为117人(28.6%),认为重要的特殊教育教师为151人(36.9%),认为非常重要的特殊教育教师为105人(25.7%)。

7. 特殊教育教师辅助技术合作重要度现状分析

特殊教育教师辅助技术合作重要度现状分析结果见表3-11。

表 3-11 合作重要度现状分析

g.合作	①	②	③	④	⑤
g51.针对残疾学生的教育需求,参与多学科评估小组的能力	6(1.5)	34(8.3)	117(28.6)	156(38.1)	96(23.5)
g52.为了辅助技术的教学指导计划的制订,参与多学科小组的能力	5(1.2)	23(5.6)	121(29.6)	160(39.1)	100(24.4)
g53.与辅助技术专家或教育专家合作的能力	2(0.5)	54(13.2)	103(25.2)	154(37.7)	96(23.5)
g54.对于购买辅助技术装置,与其负责人员相互合作的能力	7(1.7)	35(8.6)	128(31.3)	158(38.6)	81(19.8)
g55.为了使用与指导适合的辅助技术,与相关服务人员共同决策的能力	9(2.2)	44(10.8)	130(31.8)	147(35.9)	79(19.3)
g56.实施转衔教育时,确定辅助技术的需求以及与职业康复人员相互合作的能力	12(2.9)	40(9.8)	107(26.2)	169(41.3)	81(19.8)
g57.为了残疾学生能够使用一般的教育技术,与普通教师相互合作的能力	6(1.5)	47(11.5)	103(25.2)	163(39.9)	90(22.0)
g58.与从事各种残疾类型辅助技术工作的专家进行有效沟通的能力	5(1.2)	51(12.5)	108(26.4)	161(39.4)	84(20.5)
g59.向学生周围人群(父母、普通教师、辅助教师)说明辅助技术装置使用与管理方法的能力	7(1.7)	34(8.3)	102(24.9)	176(43.0)	90(22.0)
g60.向相关机构负责人阐述残疾学生辅助技术需求的能力	6(1.5)	28(6.8)	110(26.9)	170(41.6)	95(23.2)

注:①非常不重要;②不重要;③一般;④重要;⑤非常重要。

从表 3-11 特殊教育教师辅助技术合作重要度现状调查结果得知，在"g51.针对残疾学生的教育需求，参与多学科评估小组的能力"题项中，认为非常不重要的特殊教育教师为 6 人(1.5%)，认为不重要的特殊教育教师为 34 人(8.3%)，认为一般的特殊教育教师为 117 人(28.6%)，认为重要的特殊教育教师为 156 人(38.1%)，认为非常重要的特殊教育教师为 96 人(23.5%)。

在"g52.为了辅助技术的教学指导计划的制订，参与多学科小组的能力"题项中，认为非常不重要的特殊教育教师为 5 人(1.2%)，认为不重要的特殊教育教师为 23 人(5.6%)，认为一般的特殊教育教师为 121 人(29.6%)，认为重要的特殊教育教师为 160 人(39.1%)，认为非常重要的特殊教育教师为 100 人(24.4%)。

在"g53.与辅助技术专家或教育专家合作的能力"题项中，认为非常不重要的特殊教育教师为 2 人(0.5%)，认为不重要的特殊教育教师为 54 人(13.2%)，认为一般的特殊教育教师为 103 人(25.2%)，认为重要的特殊教育教师为 154 人(37.7%)，认为非常重要的特殊教育教师为 96 人(23.5%)。

在"g54.对于购买辅助技术装置，与其负责人员相互合作的能力"题项中，认为非常不重要的特殊教育教师为 7 人(1.7%)，认为不重要的特殊教育教师为 35 人(8.6%)，认为一般的特殊教育教师为 128 人(31.3%)，认为重要的特殊教育教师为 158 人(38.6%)，认为非常重要的特殊教育教师为 81 人(19.8%)。

在"g55.为了使用与指导适合的辅助技术，与相关服务人员共同决策的能力"题项中，认为非常不重要的特殊教育教师为 9 人(2.2%)，认为不重要的特殊教育教师为 44 人(10.8%)，认为一般的特殊教育教师为 130 人(31.8%)，认为重要的特殊教育教师为 147 人(35.9%)，认为非常重要的特殊教育教师为 79 人(19.3%)。

在"g56.实施转衔教育时，确定辅助技术的需求及与职业康复人员相互合作的能力"题项中，认为非常不重要的特殊教育教师为 12 人(2.9%)，认为不重要的特殊教育教师为 40 人(9.8%)，认为一般的特殊教育教师为 107 人(26.2%)，认为重要的特殊教育教师为169 人(41.3%)，认为非常重要的特殊教育教师为 81 人(19.8%)。

在"g57.为了残疾学生能够使用一般的教育技术，与普通教师相互合作的能力"题项中，认为非常不重要的特殊教育教师为 6 人(1.5%)，认为不重要的特殊教育教师为 47 人(11.5%)，认为一般的特殊教育教师为 103 人(25.2%)，认为重要的特殊教育教师为 163 人(39.9%)，认为非常重要的特殊教育教师为 90 人(22.0%)。

在"g58.与从事各种残疾类型辅助技术工作的专家进行有效沟通的能力"题项中，认为非常不重要的特殊教育教师为 5 人(1.2%)，认为不重要的特殊教育教师为 51 人(12.5%)，认为一般的特殊教育教师为 108 人(26.4%)，认为重要的特殊教育教师为 161 人(39.4%)，认为非常重要的特殊教育教师为 84 人(20.5%)。

在"g59.向学生周围人群(父母、普通教师、辅助教师)说明辅助技术装置使用与管理方法的能力"题项中,认为非常不重要的特殊教育教师为7人(1.7%),认为不重要的特殊教育教师为34人(8.3%),认为一般的特殊教育教师为102人(24.9%),认为重要的特殊教育教师为176人(43.0%),认为非常重要的特殊教育教师为90人(22.0%)。

在"g60.向相关机构负责人阐述残疾学生辅助技术需求的能力"题项中,认为非常不重要的特殊教育教师为6人(1.5%),认为不重要的特殊教育教师为28人(6.8%),认为一般的特殊教育教师为110人(26.9%),认为重要的特殊教育教师为170人(41.6%),认为非常重要的特殊教育教师为95人(23.2%)。

(二)特殊教育教师辅助技术专业能力实施度现状分析

1.特殊教育教师辅助技术基础知识实施度现状分析

特殊教育教师辅助技术基础知识实施度现状分析结果见表3-12。

表3-12 基础知识实施度现状分析

a.基础知识	①	②	③	④	⑤
a01.残疾人辅助技术的发展史	25(6.1)	67(16.4)	206(50.4)	87(21.3)	24(5.9)
a02.与辅助技术相关的政策法规	25(6.1)	66(16.1)	203(49.6)	81(19.8)	34(8.3)
a03.辅助技术装置与辅助技术服务的定义	23(5.6)	86(21.0)	198(48.4)	77(18.8)	25(6.1)
a04.提供辅助技术服务所需的文件	27(6.6)	98(24.0)	175(42.8)	81(19.8)	28(6.8)
a05.低端技术与高端技术之间的差异	39(9.5)	111(27.1)	167(40.8)	73(17.8)	19(4.6)
a06.辅助技术装置购入时相关的政策法规	33(8.1)	130(31.8)	165(40.3)	61(14.9)	20(4.9)
a07.辅助技术与职业教育相关的知识	46(11.2)	97(23.7)	164(40.1)	81(19.8)	21(5.1)
a08.辅助技术与通用学习设计相关的知识	42(10.3)	106(25.9)	168(41.1)	68(16.6)	25(6.1)

注:①完全不是这样;②不是这样;③一般;④是这样;⑤完全是这样。

从表3-12特殊教育教师辅助技术基础知识实施度现状调查结果得知,在"a01.残疾人辅助技术的发展史"题项中,认为完全不是这样的特殊教育教师为25人(6.1%),

认为不是这样的特殊教育教师为 67 人(16.4％)，认为一般的特殊教育教师为 206 人(50.4％)，认为是这样的特殊教育教师为 87 人(21.3％)，认为完全是这样的特殊教育教师为 24 人(5.9％)。

在"a02.与辅助技术相关的政策法规"题项中，认为完全不是这样的特殊教育教师为人 25(6.1％)，认为不是这样的特殊教育教师为 66 人(16.1％)，认为一般的特殊教育教师为203 人(49.6％)，认为是这样的特殊教育教师为 81 人(19.8％)，认为完全是这样的特殊教育教师为 34 人(8.3％)。

在"a03.辅助技术装置与辅助技术服务的定义"题项中，认为完全不是这样的特殊教育教师为 23 人(5.6％)，认为不是这样的特殊教育教师为 86 人(21.0％)，认为一般的特殊教育教师为 198 人(48.4％)，认为是这样的特殊教育教师为 77 人(18.8％)，认为完全是这样的特殊教育教师为 25 人(6.1％)。

在"a04.提供辅助技术服务所需的文件"题项中，认为完全不是这样的特殊教育教师为 27 人(6.6％)，认为不是这样的特殊教育教师为 98 人(24.0％)，认为一般的特殊教育教师为175 人(42.8％)，认为是这样的特殊教育教师为 81 人(19.8％)，认为完全是这样的特殊教育教师为 28 人(6.8％)。

在"a05.低端技术与高端技术之间的差异"题项中，认为完全不是这样的特殊教育教师为 39 人(9.5％)，认为不是这样的特殊教育教师为 111 人(27.1％)，认为一般的特殊教育教师为 167 人(40.8％)，认为是这样的特殊教育教师 73 人(17.8％)，认为完全是这样的特殊教育教师为 19 人(4.6％)。

在"a06.辅助技术装置购入时相关的政策法规"题项中，认为完全不是这样的特殊教育教师为 33 人(8.1％)，认为不是这样的特殊教育教师为 130 人(31.8％)，认为一般的特殊教育教师为 165 人(40.3％)，认为是这样的特殊教育教师为 61 人(14.9％)，认为完全是这样的特殊教育教师为 20 人(4.9％)。

在"a07.辅助技术与职业教育相关的知识"题项中，认为完全不是这样的特殊教育教师为 46 人(11.2％)，认为不是这样的特殊教育教师为 97 人(23.7％)，认为一般的特殊教育教师为 164 人(40.1％)，认为是这样的特殊教育教师为 81 人(19.8％)，认为完全是这样的特殊教育教师为 21 人(5.1％)。

在"a08.辅助技术与通用学习设计相关的知识"题项中，认为完全不是这样的特殊教育教师为 42 人(10.3％)，认为不是这样的特殊教育教师为 106 人(25.9％)，认为一般的特殊教育教师为 168 人(41.1％)，认为是这样的特殊教育教师为 68 人(16.6％)，认为完全是这样的特殊教育教师为 25 人(6.1％)。

2. 特殊教育教师辅助技术教学策略实施度现状分析

特殊教育教师辅助技术教学策略实施度现状分析结果见表 3-13。

表 3-13 教学策略实施度现状分析

b. 教学策略	①	②	③	④	⑤
b09.为了辅助技术装置的使用,了解与安装相关的基本概念	36(8.8)	101(24.7)	168(41.1)	82(20.0)	22(5.4)
b10.与辅助技术装置管理相关的基本概念与教学策略	32(7.8)	94(23.0)	180(44.0)	81(19.8)	22(5.4)
b11.使用辅助技术装置发生问题时,解决问题的教学策略	23(5.6)	100(24.4)	188(46.0)	69(16.9)	29(7.1)
b12.作为转衔教育的一部分,与就业相关辅助技术的教学策略	37(9.0)	99(24.2)	166(40.6)	80(19.6)	27(6.6)
b13.指导获得辅助技术装置与辅助技术服务的教学策略	27(6.6)	110(26.9)	158(38.6)	88(21.5)	26(6.4)
b14.针对不同年龄段残疾学生的概念发展和运动能力而选用不同辅助技术的教学策略	34(8.3)	95(23.2)	162(39.6)	96(23.5)	22(5.4)
b15.制订辅助技术使用教学计划的策略	27(6.6)	109(26.7)	160(39.1)	74(18.1)	39(9.5)
b16.考虑残疾学生是否存在多重障碍,具有指导辅助技术的能力	32(7.8)	94(23.0)	176(43.0)	82(20.0)	25(6.1)
b17.根据残疾学生的规模指导辅助技术的策略	25(6.1)	88(21.5)	180(44.0)	73(17.8)	43(10.5)
b18.根据残疾学生的需求,收集辅助技术资料和修改教学计划的策略	22(5.4)	72(17.6)	163(39.9)	120(29.3)	32(7.8)

注:①完全不是这样;②不是这样;③一般;④是这样;⑤完全是这样。

从表 3-13 特殊教育教师辅助技术教学策略实施度现状调查结果得知,在"b09.为了辅助技术装置的使用,了解与安装相关的基本概念"题项中,认为完全不是这样的特殊教育教师为 36 人(8.8%),认为不是这样的特殊教育教师为 101 人(24.7%),认为一般的特殊教育教师为 168 人(41.1%),认为是这样的特殊教育教师为 82 人(20.0%),认为完全是这样的特殊教育教师为 22 人(5.4%)。

在"b10.与辅助技术装置管理相关的基本概念与教学策略"题项中,认为完全不是这样的特殊教育教师为 32 人(7.8%),认为不是这样的特殊教育教师为 94 人(23.0%),认为一般的特殊教育教师为 180 人(44.0%),认为是这样的特殊教育教师为 81 人(19.8%),认为完全是这样的特殊教育教师为 22 人(5.4%)。

在"b11.使用辅助技术装置发生问题时,解决问题的教学策略"题项中,认为完全不是这样的特殊教育教师为 23 人(5.6%),认为不是这样的特殊教育教师为 100 人(24.4%),认为一般的特殊教育教师为 188 人(46.0%),认为是这样的特殊教育教师为 69 人(16.9%),认为完全是这样的特殊教育教师为 29 人(7.1%)。

在"b12.作为转衔教育的一部分,与就业相关辅助技术的教学策略"题项中,认为完全不是这样的特殊教育教师为 37 人(9.0%),认为不是这样的特殊教育教师为 99 人(24.2%),认为一般的特殊教育教师为 166 人(40.6%),认为是这样的特殊教育教师为 80 人(19.6%),认为完全是这样的特殊教育教师为 27 人(6.6%)。

在"b13.指导获得辅助技术装置与辅助技术服务的教学策略"题项中,认为完全不是这样的特殊教育教师为 27 人(6.6%),认为不是这样的特殊教育教师为 110 人(26.9%),认为一般的特殊教育教师为 158 人(38.6%),认为是这样的特殊教育教师为 88 人(21.5%),认为完全是这样的特殊教育教师为 26 人(6.4%)。

在"b14.针对不同年龄段残疾学生的概念发展和运动能力而选用不同辅助技术的教学策略"题项中,认为完全不是这样的特殊教育教师为 34 人(8.3%),认为不是这样的特殊教育教师为 95 人(23.2%),认为一般的特殊教育教师为 162 人(39.6%),认为是这样的特殊教育教师为 96 人(23.5%),认为完全是这样的特殊教育教师为 22 人(5.4%)。

在"b15.制订辅助技术使用教学计划的策略"题项中,认为完全不是这样的特殊教育教师为 27 人(6.6%),认为不是这样的特殊教育教师为 109 人(26.7%),认为一般的特殊教育教师为 160 人(39.1%),认为是这样的特殊教育教师为 74 人(18.1%),认为完全是这样的特殊教育教师为 39 人(9.5%)。

在"b16.考虑残疾学生是否存在多重障碍,具有指导辅助技术的能力"题项中,认为完全不是这样的特殊教育教师为 32 人(7.8%),认为不是这样的特殊教育教师为 94 人(23.0%),认为一般的特殊教育教师为 176 人(43.0%),认为是这样的特殊教育教师为 82 人(20.0%),认为完全是这样的特殊教育教师为 25 人(6.1%)。

在"b17.根据残疾学生的规模指导辅助技术的策略"题项中,认为完全不是这样的特殊教育教师为 25 人(6.1%),认为不是这样的特殊教育教师为 88 人(21.5%),认为一般的特殊教育教师为 180 人(44.0%),认为是这样的特殊教育教师为 73 人(17.8%),认为完全是这样的特殊教育教师为 43 人(10.5%)。

在"b18. 根据残疾学生的需求,收集辅助技术资料和修改教学计划的策略"题项中,认为完全不是这样的特殊教育教师为 22 人(5.4％),认为不是这样的特殊教育教师为 72 人(17.6％),认为一般的特殊教育教师为 163 人(39.9％),认为是这样的特殊教育教师为 120 人(29.3％),认为完全是这样的特殊教育教师为 32 人(7.8％)。

3. 特殊教育教师辅助技术学习环境实施度现状分析

特殊教育教师辅助技术学习环境实施度现状分析结果见表 3-14。

表 3-14　学习环境实施度现状分析

c. 学习环境	①	②	③	④	⑤
c19. 在特定的学习环境中,评估与促进辅助技术使用的能力	30(7.3)	83(20.3)	167(40.8)	106(25.9)	23(5.6)
c20. 根据残疾学生不同的需求,营造指导辅助技术环境的能力	18(4.4)	67(16.4)	167(40.8)	126(30.8)	31(7.5)
c21. 在不同环境中使用辅助技术时,指导适合的社会技能的能力	22(5.4)	82(20.0)	174(42.5)	100(24.4)	31(7.6)
c22. 在最小限制环境及不同的场所中,能够使用辅助技术的知识	20(4.9)	93(22.7)	169(41.3)	96(23.5)	31(7.6)
c23. 使用辅助技术使残疾学生融入普通学校的相关策略	19(4.6)	71(17.4)	184(45.0)	103(25.2)	32(7.8)
c24. 擅长借助辅助技术来营造课堂环境	34(8.3)	67(16.4)	191(46.7)	85(20.8)	32(7.8)
c25. 不同环境下选用辅助技术的合适使用方法	19(4.6)	79(19.3)	172(42.1)	104(25.4)	35(8.6)
c26. 携带型辅助技术装置所需要的环境及其相关局限性	21(5.1)	83(20.3)	184(45.0)	98(24.0)	23(5.6)

注:①完全不是这样;②不是这样;③一般;④是这样;⑤完全是这样。

从表 3-14 特殊教育教师辅助技术学习环境实施度现状调查结果得知,在"c19. 在特定的学习环境中,评估与促进辅助技术使用的能力"题项中,认为完全不是这样的特殊教育教师为30人(7.3%),认为不是这样的特殊教育教师为83人(20.3%),认为一般的特殊教育教师为167人(40.8%),认为是这样的特殊教育教师为106人(25.9%),认为完全是这样的特殊教育教师为23人(5.6%)。

在"c20.根据残疾学生不同需求,营造指导辅助技能环境的能力"题项中,认为完全不是这样的特殊教育教师为18人(4.4%),认为不是这样的特殊教育教师为67人(16.4%),认为一般的特殊教育教师为167人(40.8%),认为是这样的特殊教育教师为126人(30.8%),认为完全是这样的特殊教育教师为31人(7.5%)。

在"c21.在不同环境中使用辅助技术时,指导适合的社会技能的能力"题项中,认为完全不是这样的特殊教育教师为22人(5.4%),认为不是这样的特殊教育教师为82人(20.0%),认为一般的特殊教育教师为174人(42.5%),认为是这样的特殊教育教师为100人(24.4%),认为完全是这样的特殊教育教师为31人(7.6%)。

在"c22.在最小限制环境及不同的场所中,能够使用辅助技术的知识"题项中,认为完全不是这样的特殊教育教师为20人(4.9%),认为不是这样的特殊教育教师为93人(22.7%),认为一般的特殊教育教师为169人(41.3%),认为是这样的特殊教育教师为96人(23.5%),认为完全是这样的特殊教育教师为31人(7.6%)。

在"c23.使用辅助技术使残疾学生融入普通学校的相关策略"题项中,认为完全不是这样的特殊教育教师为19人(4.6%),认为不是这样的特殊教育教师为71人(17.4%),认为一般的特殊教育教师为184人(45.0%),认为是这样的特殊教育教师为103人(25.2%),认为完全是这样的特殊教育教师为32人(7.8%)。

在"c24.擅长借助辅助技术来营造课堂环境"题项中,认为完全不是这样的特殊教育教师为34人(8.3%),认为不是这样的特殊教育教师为67人(16.4%),认为一般的特殊教育教师为191人(46.7%),认为是这样的特殊教育教师为85人(20.8%),认为完全是这样的特殊教育教师为32人(7.8%)。

在"c25.不同环境下选用辅助技术的合适使用方法"题项中,认为完全不是这样的特殊教育教师为19人(4.6%),认为不是这样的特殊教育教师为79人(19.3%),认为一般的特殊教育教师为172人(42.1%),认为是这样的特殊教育教师为104人(25.4%),认为完全是这样的特殊教育教师为35人(8.6%)。

在"c26.携带型辅助技术装置所需要的环境及其相关局限性"题项中,认为完全不是这样的特殊教育教师为21人(5.1%),认为不是这样的特殊教育教师为83人(20.3%),认为一般的特殊教育教师为184人(45.0%),认为是这样的特殊教育教师为98人(24.0%),认为完全是这样的特殊教育教师为23人(5.6%)。

4.特殊教育教师辅助技术教学设计实施度现状分析

特殊教育教师辅助技术教学设计实施度现状分析结果见表3-15。

表 3-15 教学设计实施度现状分析

d. 教学设计	①	②	③	④	⑤
d27. 根据残疾学生的不同情况,制订适合他们的辅助技术教学设计	31(7.6)	55(13.4)	216(52.8)	83(20.3)	24(5.9)
d28. 根据评估的需求,制订辅助技术的教学设计	22(5.4)	90(22.0)	183(44.7)	84(20.5)	30(7.3)
d29. 为了制订有效的辅助技术指导计划,具备管理时间与人员的能力	15(3.7)	71(17.4)	201(49.1)	80(19.6)	42(10.3)
d30. 在教学设计中阐述与辅助技术有关的目标	18(4.4)	81(19.8)	194(47.4)	89(21.8)	27(6.6)
d31. 必要时在原始方法之外,通过其他方法使用辅助技术	16(3.9)	98(24.0)	166(40.6)	100(24.4)	29(7.1)
d32. 为了评估学生使用辅助技术的能力,记录与分析数据的方法	35(8.6)	74(18.1)	191(46.7)	82(20.0)	27(6.6)
d33. 制订教学设计时研究辅助技术及其应用的知识	17(4.2)	107(26.2)	165(40.3)	83(20.3)	37(9.0)
d34. 在教学设计中如何融入使用辅助技术的知识	20(4.9)	72(17.6)	189(46.2)	96(23.5)	32(7.8)

注:①完全不是这样;②不是这样;③一般;④是这样;⑤完全是这样。

从表 3-15 特殊教育教师辅助技术教学设计实施度现状调查结果得知,在"d27. 根据残疾学生的不同情况,制订适合他们辅助技术的教学设计"题项中,认为完全不是这样的特殊教育教师为 31 人(7.6%),认为不是这样的特殊教育教师为 55 人(13.4%),认为一般的特殊教育教师为 216 人(52.8%),认为是这样的特殊教育教师为 83 人(20.3%),认为完全是这样的特殊教育教师为 24 人(5.9%)。

在"d28. 根据评估的需求,制订辅助技术的教学设计"题项中,认为完全不是这样的特殊教育教师为 22 人(5.4%),认为不是这样的特殊教育教师为 90 人(22.0%),认为一般的特殊教育教师为 183 人(44.7%),认为是这样的特殊教育教师为 84 人(20.5%),认为完全是这样的特殊教育教师为 30 人(7.3%)。

在"d29. 为了制订有效的辅助技术指导计划,具备管理时间与人员的能力"题项中,认为完全不是这样的特殊教育教师为 15 人(3.7%),认为不是这样的特殊教育教师为

71人(17.4%),认为一般的特殊教育教师为201人(49.1%),认为是这样的特殊教育教师为80人(19.6%),认为完全是这样的特殊教育教师为42人(10.3%)。

在"d30.在教学设计中阐述与辅助技术有关的目标"题项中,认为完全不是这样的特殊教育教师为18人(4.4%),认为不是这样的特殊教育教师为81人(19.8%),认为一般的特殊教育教师为194人(47.4%),认为是这样的特殊教育教师为89人(21.8%),认为完全是这样的特殊教育教师为27人(6.6%)。

在"d31.必要时在原始方法之外,通过其他方法使用辅助技术"题项中,认为完全不是这样的特殊教育教师为16人(3.9%),认为不是这样的特殊教育教师为98人(24.0%),认为一般的特殊教育教师为166人(40.6%),认为是这样的特殊教育教师为100人(24.4%),认为完全是这样的特殊教育教师为29人(7.1%)。

在"d32.为了评估学生使用辅助技术的能力,记录与分析数据的方法"题项中,认为完全不是这样的特殊教育教师为35人(8.6%),认为不是这样的特殊教育教师为74人(18.1%),认为一般的特殊教育教师为191人(46.7%),认为是这样的特殊教育教师为82人(20.0%),认为完全是这样的特殊教育教师为27人(6.6%)。

在"d33.制订教学设计时研究辅助技术及其应用的知识"题项中,认为完全不是这样的特殊教育教师为17人(4.2%),认为不是这样的特殊教育教师为107人(26.2%),认为一般的特殊教育教师为165人(40.3%),认为是这样的特殊教育教师为83人(20.3%),认为完全是这样的特殊教育教师为37人(9.0%)。

在"d34.在教学设计中如何融入使用辅助技术的知识"题项中,认为完全不是这样的特殊教育教师为20人(4.9%),认为不是这样的特殊教育教师为72人(17.6%),认为一般的特殊教育教师为189人(46.2%),认为是这样的特殊教育教师为96人(23.5%),认为完全是这样的特殊教育教师为32人(7.8%)。

5. 特殊教育教师辅助技术评估实施度现状分析

特殊教育教师辅助技术评估实施度现状分析结果见表3-16。

表3-16 评估实施度现状分析

e.评估	①	②	③	④	⑤
e35.根据不同年级、不同年龄的残疾学生,进行辅助技术评估的能力	19(4.6)	68(16.6)	198(48.4)	91(22.2)	33(8.1)
e36.分析评估结果和编写评估报告书的能力	24(5.9)	75(18.3)	182(44.5)	103(25.2)	25(6.1)

续表

e.评估	①	②	③	④	⑤
e37.在个别化教育计划中,评估使用辅助技术装置目标的能力	32(7.8)	83(20.3)	169(41.3)	100(24.4)	25(6.1)
e38.使用辅助技术后,评估残疾学生独立性的能力	29(7.1)	84(20.5)	165(40.3)	99(24.2)	32(7.8)
e39.指导辅助技术后,评估残疾学生理解程度的能力	21(5.1)	77(18.8)	185(45.2)	93(22.7)	33(8.1)
e40.评估辅助技术装置效果的能力	23(5.6)	79(19.3)	198(48.4)	88(21.5)	21(5.1)

注：①完全不是这样；②不是这样；③一般；④是这样；⑤完全是这样。

从表 3-16 特殊教育教师辅助技术评估实施度现状调查结果可知，在"e35.根据不同年级、不同年龄的残疾学生，进行辅助技术评估的能力"题项中，认为完全不是这样的特殊教育教师为 19 人(4.6%)，认为不是这样的特殊教育教师为 68 人(16.6%)，认为一般的特殊教育教师为 198 人(48.4%)，认为是这样的特殊教育教师为 91 人(22.2%)，认为完全是这样的特殊教育教师为 33 人(8.1%)。

在"e36.分析评估结果和编写评估报告书的能力"题项中，认为完全不是这样的特殊教育教师为 24 人(5.9%)，认为不是这样的特殊教育教师为 75 人(18.3%)，认为一般的特殊教育教师为 182 人(44.5%)，认为是这样的特殊教育教师为 103 人(25.2%)，认为完全是这样的特殊教育教师为 25 人(6.1%)。

在"e37.在个别化教育计划中，评估使用辅助技术装置目标的能力"题项中，认为完全不是这样的特殊教育教师为 32 人(7.8%)，认为不是这样的特殊教育教师为 83 人(20.3%)，认为一般的特殊教育教师为 169 人(41.3%)，认为是这样的特殊教育教师为 100 人(24.4%)，认为完全是这样的特殊教育教师为 25 人(6.1%)。

在"e38.使用辅助技术后，评估残疾学生独立性的能力"题项中，认为完全不是这样的特殊教育教师为 29 人(7.1%)，认为不是这样的特殊教育教师为 84 人(20.5%)，认为一般的特殊教育教师为 165 人(40.3%)，认为是这样的特殊教育教师为 99 人(24.2%)，认为完全是这样的特殊教育教师为 32 人(7.8%)。

在"e39.指导辅助技术后，评估残疾学生理解程度的能力"题项中，认为完全不是这样的特殊教育教师为 21 人(5.1%)，认为不是这样的特殊教育教师为 77 人(18.8%)，认为一般的特殊教育教师为 185 人(45.2%)，认为是这样的特殊教育教师为 93 人(22.7%)，认为完全是这样的特殊教育教师为 33 人(8.1%)。

在"e40.评估辅助技术装置效果的能力"题项中，认为完全不是这样的特殊教育教师为 23 人(5.6%)，认为不是这样的特殊教育教师为 79 人(19.3%)，认为一般的教育教师为 198 人(48.4%)，认为是这样的特殊教育教师为 88 人(21.5%)，认为完全是这样的特殊教育教师为 21 人(5.1%)。

6.特殊教育教师辅助技术专业发展实施度现状分析

特殊教育教师辅助技术专业发展实施度现状分析结果见表 3-17。

表 3-17 专业发展实施度现状分析

f.专业发展	①	②	③	④	⑤
f41.为了增强辅助技术的专业性，了解关于筹措资金的知识	26(6.4)	100(24.4)	171(41.8)	90(22.0)	22(5.4)
f42.为了支持残疾人辅助技术，了解相关社区或国家部门的信息	25(6.1)	113(27.6)	157(38.4)	93(22.7)	21(5.1)
f43.与辅助技术组织或协会相关的信息	27(6.6)	114(27.9)	159(38.8)	85(20.8)	24(5.9)
f44.与辅助技术开发商或供应商相关的信息	41(10.0)	92(22.5)	162(39.6)	85(20.8)	29(7.1)
f45.与社区或者国家运营的辅助技术消费者团体组织相关的信息	33(8.1)	93(22.7)	172(42.1)	81(19.8)	30(7.3)
f46.通过相关组织对于辅助技术的支持,解决残疾学生家庭困难的能力	23(5.6)	70(17.1)	179(43.8)	116(28.4)	21(5.1)
f47.为了辅助技术服务的持续发展,参与增强专业性活动的能力	26(6.4)	93(22.7)	170(41.6)	97(23.7)	23(5.6)
f48.为了获得辅助技术相关的信息,了解期刊或者访问网站的能力	20(4.9)	83(20.3)	196(47.9)	86(21.0)	24(5.9)
f49.为了确保辅助技术的专业性,提高了解相关技术的能力	18(4.4)	75(18.3)	185(45.2)	102(24.9)	29(7.1)

续表

f.专业发展	①	②	③	④	⑤
f50.根据辅助技术服务的运用成效,评估残疾学生的态度并反映实际情况的能力	18(4.4)	76(18.6)	192(46.9)	104(25.4)	19(4.6)

注:①完全不是这样;②不是这样;③一般;④是这样;⑤完全是这样。

从表3-17特殊教育教师辅助技术专业发展实施度现状调查结果可知,在"f41.为了增强辅助技术的专业性,了解关于筹措资金的知识"题项中,认为完全不是这样的特殊教育教师为26人(6.4%),认为不是这样的特殊教育教师为100人(24.4%),认为一般的特殊教育教师为171人(41.8%),认为是这样的特殊教育教师为90人(22.0%),认为完全是这样的特殊教育教师为22人(5.4%)。

在"f42.为了支持残疾人辅助技术,了解相关社区或国家部门的信息"题项中,认为完全不是这样的特殊教育教师为25人(6.1%),认为不是这样的特殊教育教师为113人(27.6%),认为一般的特殊教育教师为157人(38.4%),认为是这样的特殊教育教师为93人(22.7%),认为完全是这样的特殊教育教师为21人(5.1%)。

在"f43.与辅助技术组织或协会相关的信息"题项中,认为完全不是这样的特殊教育教师为27人(6.6%),认为不是这样的特殊教育教师为114人(27.9%),认为一般的特殊教育教师为159人(38.8%),认为是这样的特殊教育教师为85人(20.8%),认为完全是这样的特殊教育教师为24人(5.9%)。

在"f44.与辅助技术开发商或供应商相关的信息"题项中,认为完全不是这样的特殊教育教师为41人(10.0%),认为不是这样的特殊教育教师为92人(22.5%),认为一般的特殊教育教师为162人(39.6%),认为是这样的特殊教育教师为85人(20.8%),认为完全是这样的特殊教育教师为29人(7.1%)。

在"f45.与社区或者国家运营的辅助技术消费者团体组织相关的信息"题项中,认为完全不是这样的特殊教育教师为33人(8.1%),认为不是这样的特殊教育教师为93人(22.7%),认为一般的特殊教育教师为172人(42.1%),认为是这样的特殊教育教师为81人(19.8%),认为完全是这样的特殊教育教师为30人(7.3%)。

在"f46.通过相关组织对于辅助技术的支持,解决残疾学生家庭困难的能力"题项中,认为完全不是这样的特殊教育教师为23人(5.6%),认为不是这样的特殊教育教师为70人(17.1%),认为一般的特殊教育教师为179人(43.8%),认为是这样的特殊教育教师为116人(28.4%),认为完全是这样的特殊教育教师为21人(5.1%)。

在"f47.为了辅助技术服务的持续发展,参与增强专业性活动的能力"题项中,认为完全不是这样的特殊教育教师为 26 人(6.4%),认为不是这样的特殊教育教师为 93 人(22.7%),认为一般的特殊教育教师为 170 人(41.6%),认为是这样的特殊教育教师为 97 人(23.7%),认为完全是这样的特殊教育教师为 23 人(5.6%)。

在"f48.为了获得辅助技术相关的信息,了解期刊或者访问网站的能力"题项中,认为完全不是这样的特殊教育教师为 20 人(4.9%),认为不是这样的特殊教育教师为 83 人(20.3%),认为一般的特殊教育教师为 196 人(47.9%),认为是这样的特殊教育教师为 86 人(21.0%),认为完全是这样的特殊教育教师为 24 人(5.9%)。

在"f49.为了确保辅助技术的专业性,提高了解相关技术的能力"题项中,认为完全不是这样的特殊教育教师为 18 人(4.4%),认为不是这样的特殊教育教师为 75 人(18.3%),认为一般的特殊教育教师为 185 人(45.2%),认为是这样的特殊教育教师为 102 人(24.9%),认为完全是这样的特殊教育教师为 29 人(7.1%)。

在"f50.根据辅助技术服务的运用成效,评估残疾学生的态度并反映实际情况的能力"题项中,认为完全不是这样的特殊教育教师为 18 人(4.4%),认为不是这样的特殊教育教师为 76 人(18.6%),认为一般的特殊教育教师为 192 人(46.9%),认为是这样的特殊教育教师为 104 人(25.4%),认为完全是这样的特殊教育教师为 19 人(4.6%)。

7.特殊教育教师辅助技术合作实施度现状分析

特殊教育教师辅助技术合作实施度现状分析结果见表 3-18。

表 3-18 合作实施度现状分析

g.合作	①	②	③	④	⑤
g51.针对残疾学生的教育需求,参与多学科评估小组的能力	18(4.4)	61(14.9)	182(44.5)	120(29.3)	28(6.8)
g52.为了辅助技术的教学指导计划的制订,参与多学科小组的能力	34(8.3)	68(16.6)	183(44.7)	99(24.2)	25(6.1)
g53.与辅助技术专家或教育专家合作的能力	16(3.9)	75(18.3)	193(47.2)	87(21.3)	38(9.3)
g54.对于购买辅助技术装置,与其负责人员相互合作的能力	18(4.4)	80(19.6)	169(41.3)	122(29.8)	20(4.9)
g55.为了使用与指导适合的辅助技术,与相关服务人员共同决策的能力	31(7.6)	76(18.6)	169(41.3)	103(25.2)	30(7.3)

续表

g.合作	①	②	③	④	⑤
g56.实施转衔教育时,确定辅助技术的需求以及与职业康复人员相互合作的能力	34(8.3)	75(18.3)	178(43.5)	96(23.5)	26(6.4)
g57.为了残疾学生能够使用一般的教育技术,与普通教师相互合作的能力	34(8.3)	57(13.9)	184(45.0)	106(25.9)	28(6.9)
g58.与从事各种残疾类型辅助技术工作的专家进行有效沟通的能力	20(4.9)	52(12.7)	199(48.7)	109(26.7)	29(7.1)
g59.向学生周围人群(父母、普通教师、辅助教师)说明辅助技术装置使用与管理方法的能力	28(6.8)	62(15.2)	184(45.0)	117(28.6)	18(4.4)
g60.向相关机构负责人阐述残疾学生辅助技术需求的能力	26(6.4)	60(14.7)	178(43.5)	121(29.6)	24(5.9)

注:①完全不是这样;②不是这样;③一般;④是这样;⑤完全是这样。

从表3-18特殊教育教师辅助技术合作实施度现状调查结果可知,在"g51.针对残疾学生的教育需求,参与多学科评估小组的能力"题项中,认为完全不是这样的特殊教育教师为18人(4.4%),认为不是这样的特殊教育教师为61人(14.9%),认为一般的特殊教育教师为182人(44.5%),认为是这样的特殊教育教师为120人(29.3%),认为完全是这样的特殊教育教师为28人(6.8%)。

在"g52.为了辅助技术的教学指导计划的制订,参与多学科小组的能力"题项中,认为完全不是这样的特殊教育教师为34人(8.3%),认为不是这样的特殊教育教师为68人(16.6%),认为一般的特殊教育教师为183人(44.7%),认为是这样的特殊教育教师为99人(24.2%),认为完全是这样的特殊教育教师为25人(6.1%)。

在"g53.与辅助技术专家或教育专家合作的能力"题项中,认为完全不是这样的特殊教育教师为16人(3.9%),认为不是这样的特殊教育教师为75人(18.3%),认为一般的特殊教育教师为193人(47.2%),认为是这样的特殊教育教师为87人(21.3%),认为完全是这样的特殊教育教师为38人(9.3%)。

在"g54.对于购买辅助技术装置,与其负责人员相互合作的能力"题项中,认为完全不是这样的特殊教育教师为18人(4.4%),认为不是这样的特殊教育教师为80人

(19.6%),认为一般的特殊教育教师为169人(41.3%),认为是这样的特殊教育教师为122人(29.8%),认为完全是这样的特殊教育教师为20人(4.9%)。

在"g55.为了使用与指导适合的辅助技术,与相关服务人员共同决策的能力"题项中,认为完全不是这样的特殊教育教师为31人(7.6%),认为不是这样的特殊教育教师为76人(18.6%),认为一般的特殊教育教师为169人(41.3%),认为是这样的特殊教育教师为103人(25.2%),认为完全是这样的特殊教育教师为30人(7.3%)。

在"g56.实施转衔教育时,确定辅助技术的需求以及与职业康复人员相互合作的能力"题项中,认为完全不是这样的特殊教育教师为34人(8.3%),认为不是这样的特殊教育教师为75人(18.3%),认为一般的特殊教育教师为178人(43.5%),认为是这样的特殊教育教师为96人(23.5%),认为完全是这样的特殊教育教师为26人(6.4%)。

在"g57.为了残疾学生能够使用一般的教育技术,与普通教师相互合作的能力"题项中,认为完全不是这样的特殊教育教师为34人(8.3%),认为不是这样的特殊教育教师为57人(13.9%),认为一般的特殊教育教师为184人(45.0%),认为是这样的特殊教育教师为106人(25.9%),认为完全是这样的特殊教育教师为28人(6.9%)。

在"g58.与从事各种残疾类型辅助技术工作的专家进行有效沟通的能力"题项中,认为完全不是这样的特殊教育教师为20人(4.9%),认为不是这样的特殊教育教师为52人(12.7%),认为一般的特殊教育教师为199人(48.7%),认为是这样的特殊教育教师为109人(26.7%),认为完全是这样的特殊教育教师为29人(7.1%)。

在"g59.向学生周围人群(父母、普通教师、辅助教师)说明辅助技术装置使用与管理方法的能力"题项中,认为完全不是这样的特殊教育教师为28人(6.8%),认为不是这样的特殊教育教师为62人(15.2%),认为一般的特殊教育教师为184人(45.0%),认为是这样的特殊教育教师为117人(28.6%),认为完全是这样的特殊教育教师为18人(4.4%)。

在"g60.向相关机构负责人阐述残疾学生辅助技术需求的能力"题项中,认为完全不是这样的特殊教育教师为26人(6.4%),认为不是这样的特殊教育教师为60人(14.7%),认为一般的特殊教育教师为178人(43.5%),认为是这样的特殊教育教师为121人(29.6%),认为完全是这样的特殊教育教师为24人(5.9%)。

二、特殊教育教师辅助技术专业能力重要度与实施度差异分析

(一)特殊教育教师辅助技术专业能力各维度重要度与实施度差异分析

特殊教育教师的辅助技术专业能力各维度重要度与实施度的差异分析结果见表3-19。

表 3-19 各维度重要度与实施度的差异分析

编码	分类	重要度 $M\pm SD$	实施度 $M\pm SD$	t
a	基础知识	3.30±0.61	2.91±0.77	14.96***
b	教学策略	3.70±0.83	2.97±0.79	14.28***
c	学习环境	3.77±0.81	3.09±0.79	13.24***
d	教学设计	3.79±0.79	3.06±0.79	14.91***
e	评估	3.74±0.82	3.06±0.82	13.45***
f	专业发展	3.64±0.82	3.00±0.80	12.10***
g	合作	3.70±0.80	3.10±0.78	12.30***
	总体情况	3.66±0.71	3.03±0.72	14.42***

注：*** $p<0.001$。

从表 3-19 特殊教育教师的辅助技术专业能力各维度重要度与实施度的差异结果得知，特殊教育教师的辅助技术专业能力 7 个维度（基础知识、教学策略、学习环境、教学设计、评估、专业发展、合作）的重要度与实施度均存在显著性差异（$t=14.96$，$p<0.001$；$t=14.28$，$p<0.001$；$t=13.24$，$p<0.001$；$t=14.91$，$p<0.001$；$t=13.45$，$p<0.001$；$t=12.10$，$p<0.001$；$t=12.30$，$p<0.001$）。说明特殊教育教师的辅助技术专业能力各维度的重要度高于实施度。同时，特殊教育教师的辅助技术专业能力重要度与实施度存在显著性差异（$t=14.42$，$p<0.001$）。特殊教育教师的辅助技术专业能力的重要度（$M=3.66$）高于实施度（$M=3.03$）。

具体来看，特殊教育教师的辅助技术专业能力的重要度（$M=3.66$）处于中等偏上水平，7 个维度均值由高到低依次为教学设计（$M=3.79$）、学习环境（$M=3.77$）、评估（$M=3.74$）、教学策略（$M=3.70$）、合作（$M=3.70$）、专业发展（$M=3.64$）、基础知识（$M=3.30$）。特殊教育教师的辅助技术专业能力的实施度（$M=3.03$）处于中等水平，7 个维度均值由高到低依次为合作（$M=3.10$）、学习环境（$M=3.09$）、教学设计（$M=3.06$）、评估（$M=3.06$）、专业发展（$M=3.00$）、教学策略（$M=2.97$）、基础知识（$M=2.91$）。

（二）特殊教育教师辅助技术专业能力各题项重要度与实施度差异分析

1. 特殊教育教师辅助技术基础知识题项重要度与实施度差异分析

特殊教育教师的辅助技术基础知识题项重要度与实施度的差异分析结果见表 3-20。

表 3-20 基础知识题项重要度与实施度的差异分析

编码	题项	重要度 $M\pm SD$	实施度 $M\pm SD$	t
a. 基础知识	a01.残疾人辅助技术的发展史	3.77±0.95	3.04±0.92	13.62***
	a02.与辅助技术相关的政策法规	3.59±0.99	3.08±0.97	8.01***
	a03.辅助技术装置与辅助技术服务的定义	3.61±0.98	2.99±0.93	10.81***
	a04.提供辅助技术服务所需的文件	3.61±0.98	2.96±0.99	10.35***
	a05.低端技术与高端技术之间的差异	3.49±1.00	2.81±0.99	10.70***
	a06.辅助技术装置购入时相关的政策法规	3.63±1.00	2.77±0.97	13.62***
	a07.辅助技术与职业教育相关的知识	3.62±1.04	2.84±1.03	12.48***
	a08.辅助技术与通用学习设计相关的知识	3.69±0.98	2.82±1.03	13.80***
	总体情况	3.30±0.61	2.91±0.77	14.96***

注:*** $p<0.001$。

从表 3-20 特殊教育教师的辅助技术基础知识题项重要度与实施度的差异结果可知,特殊教育教师的辅助技术基础知识 8 个题项的重要度与实施度均存在显著性差异($t=13.62,p<0.001;t=8.01,p<0.001;t=10.81,p<0.001;t=10.35,p<0.001;t=10.70,p<0.001;t=13.62,p<0.001;t=12.48,p<0.001;t=13.80,p<0.001$)。说明特殊教育教师的辅助技术基础知识的 8 个题项的重要度均高于实施度。

具体来看,特殊教育教师的辅助技术基础知识 8 个题项的重要度均值由高到低依次为"a01.残疾人辅助技术的发展史($M=3.77$)""a08.辅助技术与通用学习设计相关的知识($M=3.69$)""a06.辅助技术装置购入时相关的政策法规($M=3.63$)""a07.辅助技术与职业教育相关的知识($M=3.62$)""a03.辅助技术装置与辅助技术服务的定义($M=3.61$)""a04.提供辅助技术服务所需的文件($M=3.61$)""a02.与辅助技术相关的政策法规($M=3.59$)""a05.低端技术与高端技术之间的差异($M=3.49$)"。

特殊教育教师的辅助技术基础知识 8 个题项的实施度均值由高到低依次为"a02.与辅助技术相关的政策法规($M=3.08$)""a01.残疾人辅助技术的发展史($M=3.04$)""a03.辅助技术装置与辅助技术服务的定义($M=2.99$)""a04.提供辅助技术服务所需的文件($M=2.96$)""a07.辅助技术与职业教育相关的知识($M=2.84$)""a08.辅助技术与通用学习设计相关的知识($M=2.82$)""a05.低端技术与高端技术之间的差异($M=$

2.81)""a06.辅助技术装置购入时相关的政策法规($M=2.77$)"。

2. 特殊教育教师辅助技术教学策略题项重要度与实施度差异分析

特殊教育教师的辅助技术教学策略题项重要度与实施度的差异分析结果见表3-21。

表3-21 教学策略题项重要度与实施度的差异分析

编码	题项	重要度 $M\pm SD$	实施度 $M\pm SD$	t
b.教学策略	b09.为了辅助技术装置的使用,了解与安装相关的基本概念	3.59±1.06	2.89±1.00	10.48***
	b10.与辅助技术装置管理相关的基本概念与教学策略	3.57±1.11	2.92±0.98	10.10***
	b11.使用辅助技术装置发生问题时,解决问题的教学策略	3.74±0.96	2.95±0.96	12.48***
	b12.作为转衔教育的一部分,与就业相关辅助技术的教学策略	3.74±1.00	2.90±1.03	12.91***
	b13.指导获得辅助技术装置与辅助技术服务的教学策略	3.72±1.03	2.94±1.00	13.58***
	b14.根据不同年龄段残疾学生的概念发展和运动能力而选用不同辅助技术的教学策略	3.75±0.99	2.94±1.01	13.26***
	b15.制订辅助技术使用教学计划的策略	3.73±0.99	2.97±1.05	11.99***
	b16.考虑残疾学生是否存在多重障碍,具有指导辅助技术的能力	3.73±1.03	2.94±0.99	11.87***
	b17.根据学生的规模指导辅助技术的策略	3.72±1.07	3.05±1.03	9.70***
	b18.根据残疾学生的需求,收集辅助技术资料和修改教学计划的策略	3.71±1.06	3.17±0.99	8.92***
	总体情况	3.70±0.83	2.97±0.79	14.28***

注:*** $p<0.001$。

从表 3-21 特殊教育教师的辅助技术教学策略题项重要度与实施度的差异结果得知,特殊教育教师的辅助技术教学策略 10 个题项的重要度与实施度均存在显著性差异($t=10.48,p<0.001;t=10.10,p<0.001;t=12.48,p<0.001;t=12.91,p<0.001;t=13.58,p<0.001;t=13.26,p<0.001;t=11.99,p<0.001;t=11.87,p<0.001;t=9.70,p<0.001;t=8.92,p<0.001$)。说明特殊教育教师的辅助技术教学策略的 10 个题项的重要度均高于实施度。

具体来看,特殊教育教师的辅助技术教学策略 10 个题项的重要度均值由高到低依次为"b14. 根据不同年龄段残疾学生的概念发展和运动能力而选用不同辅助技术的教学策略($M=3.75$)""b11. 使用辅助技术装置发生问题时,解决问题的教学策略($M=3.74$)""b12. 作为转衔教育的一部分,与就业相关辅助技术的教学策略($M=3.74$)""b15. 制订辅助技术使用教学计划的策略($M=3.73$)""b16. 考虑残疾学生是否存在多重障碍,具有指导辅助技术的能力($M=3.73$)""b13. 指导获得辅助技术装置与辅助技术服务的教学策略($M=3.72$)""b17. 根据学生的规模指导辅助技术的策略($M=3.72$)""b18. 根据残疾学生的需求,收集辅助技术资料和修改教学计划的策略($M=3.71$)""b09. 为了辅助技术装置的使用,与安装相关的基本概念($M=3.59$)""b10. 与辅助技术装置管理相关的基本概念与教学策略($M=3.57$)"。

特殊教育教师的辅助技术教学策略 10 个题项的实施度均值由高到低依次为"b18. 根据残疾学生的需求,收集辅助技术资料和修改教学计划的策略($M=3.17$)""b17. 根据学生的规模指导辅助技术的策略($M=3.05$)""b15. 制订辅助技术使用教学计划的策略($M=2.97$)""b11. 因为使用辅助技术装置发生问题时,解决问题的教学策略($M=2.95$)""b13. 指导获得辅助技术装置与辅助技术服务的教学策略($M=2.94$)""b14. 根据不同年龄段残疾学生的概念发展和运动能力而选用不同辅助技术的教学策略($M=2.94$)""b16. 考虑残疾学生是否存在多重障碍,具有指导辅助技术的能力($M=2.94$)""b10. 与辅助技术装置管理相关的基本概念与教学策略($M=2.92$)""b12. 作为转衔教育的一部分,与就业相关辅助技术的教学策略($M=2.90$)""b09. 为了辅助技术装置的使用,了解与安装相关的基本概念($M=2.89$)"。

3. 特殊教育教师辅助技术学习环境题项重要度与实施度差异分析

特殊教育教师的辅助技术学习环境题项重要度与实施度的差异分析结果见表 3-22。

表 3-22　学习环境题项重要度与实施度的差异分析

编码	题项	重要度 $M\pm SD$	实施度 $M\pm SD$	t
c. 学习 环境	c19.在特定的学习环境中,评估与促进辅助技术使用的能力	3.70±1.05	3.02±0.99	10.36***
	c20.根据残疾学生不同的需求,营造指导辅助技术环境的能力	3.87±0.97	3.21±0.95	10.82***
	c21.在不同环境中使用辅助技术时,指导适合的社会技能的能力	3.83±0.89	3.09±0.98	12.79***
	c22.在最小限制环境及不同的场所中,能够使用辅助技术的知识	3.78±0.95	3.06±0.98	12.01***
	c23.使用辅助技术使残疾学生融入普通学校的相关策略	3.82±0.96	3.14±0.95	10.34***
	c24.擅长借助辅助技术来营造课堂环境	3.67±1.04	3.03±1.01	10.31***
	c25.不同环境下选用合适的辅助技术使用方法	3.86±0.94	3.14±0.98	11.79***
	c26.携带型辅助技术装置所需要的环境及其相关局限性	3.66±1.05	3.05±0.93	8.99***
	总体情况	3.77±0.81	3.09±0.79	13.24***

注:*** $p<0.001$。

从表 3-22 特殊教育教师的辅助技术学习环境题项重要度与实施度的差异结果得知,特殊教育教师的辅助技术学习环境 8 个题项的重要度与实施度均存在显著性差异($t=10.36,p<0.001;t=10.82,p<0.001;t=12.79,p<0.001;t=12.01,p<0.001;t=10.34,p<0.001;t=10.31,p<0.001;t=11.79,p<0.001;t=8.90,p<0.001$)。说明特殊教育教师的辅助技术学习环境的 8 个题项的重要度均高于实施度。

具体来看,特殊教育教师的辅助技术学习环境 8 个题项的重要度均值由高到低依次为"c20.根据残疾学生不同的需求,营造指导辅助技术环境的能力($M=3.87$)""c25.不同环境下选用合适的辅助技术使用方法($M=3.86$)""c21.在不同环境中使用辅助技术时,指导适合的社会技能的能力($M=3.83$)""c23.使用辅助技术使残疾学生融入普通学校的相关策略($M=3.82$)""c22.在最小限制环境及不同的场所中,能够使用辅助技术的知识($M=3.78$)""c19.在特定的学习环境中,评估与促进辅助技术使用的能力($M=3.70$)""c24.擅长借助辅助技术来营造课堂环境($M=3.67$)""c26.携带型辅助技术装置所需要的环境及其相关局限性（$M=3.66$）"。

特殊教育教师的辅助技术学习环境 8 个题项的实施度均值由高到低依次为"c20.根据残疾学生不同的需求，营造指导辅助技术环境的能力（$M=3.21$）""c23.使用辅助技术使残疾学生融入普通学校的相关策略（$M=3.14$）""c25.不同环境下选用合适的辅助技术使用方法的知识（$M=3.14$）""c21.在不同环境中使用辅助技术时，指导适合的社会技能的能力（$M=3.09$）""c22.在最小限制环境及不同的场所中，能够使用辅助技术的知识（$M=3.06$）""c26.携带型辅助技术装置所需要的环境及其相关局限性的知识（$M=3.05$）""c24.擅长借助辅助技术来营造课堂环境（$M=3.03$）""c19.在特定的学习环境中，评估与促进辅助技术使用的能力（$M=3.02$）"。

4. 特殊教育教师辅助技术教学设计题项重要度与实施度差异分析

特殊教育教师的辅助技术教学设计题项重要度与实施度的差异分析结果见表 3-23。

表 3-23 教学设计题项重要度与实施度的差异分析

编码	题项	重要度 $M\pm SD$	实施度 $M\pm SD$	t
c. 教学 设计	d27.根据残疾学生的不同情况，制订适合他们的辅助技术教学设计	3.83±0.91	3.03±0.94	14.41***
	d28.根据评估的需求，制订辅助技术的教学设计	3.85±0.96	3.02±0.97	14.26***
	d29.为了制订有效的辅助技术指导计划，具备管理时间与人员的能力	3.74±0.99	3.15±0.95	9.25***
	d30.在教学设计中阐述与辅助技术有关的目标	3.72±1.04	3.06±0.92	10.37***
d. 教学 设计	d31.必要时在原始方法之外，通过其他方法使用辅助技术	3.81±0.87	3.07±0.96	12.39***
	d32.为了评估学生使用辅助技术的能力，记录与分析数据的方法	3.76±0.98	2.98±0.99	12.59***
	d33.制订教学设计时研究辅助技术及其应用的知识	3.76±0.96	3.04±1.00	11.99***
	d34.在教学设计中如何融入使用辅助技术的知识	3.82±0.89	3.12±0.95	11.51***
	总体情况	3.78±0.79	3.06±0.79	14.91***

注：*** $p<0.001$。

从表 3-23 特殊教育教师的辅助技术教学设计题项重要度与实施度的差异结果得知,特殊教育教师的辅助技术教学设计 8 个题项的重要度与实施度均存在显著性差异($t=14.41,p<0.001;t=14.26,p<0.001;t=9.25,p<0.001;t=10.37,p<0.001;t=12.39,p<0.001;t=12.59,p<0.001;t=11.99,p<0.001;t=11.51,p<0.001$)。说明特殊教育教师的辅助技术教学设计的 8 个题项的重要度均高于实施度。

具体来看,特殊教育教师的辅助技术教学设计 8 个题项的重要度均值由高到低依次为"d28. 根据评估的需求,制订辅助技术的教学设计($M=3.85$)""d27. 根据残疾学生的不同情况,制订适合他们的辅助技术教学设计($M=3.83$)""d34. 在教学设计中如何融入使用辅助技术的知识($M=3.82$)""d31. 必要时在原始方法之外,通过其他方法使用辅助技术($M=3.81$)""d32. 为了评估学生使用辅助技术的能力,记录与分析数据的方法($M=3.76$)""d33. 制订教学设计时研究辅助技术及其应用的知识($M=3.76$)""d29. 为了制订有效的辅助技术指导计划,具备管理时间与人员的能力($M=3.74$)""d30. 在教学设计中阐述与辅助技术有关的目标($M=3.72$)"。

特殊教育教师的辅助技术教学设计 8 个题项的实施度均值由高到低依次为"d29. 为了制订有效的辅助技术指导计划,具备管理时间与人员的能力($M=3.15$)""d34. 在教学设计中如何融入使用辅助技术的知识($M=3.12$)""d31. 必要时在原始方法之外,通过其他方法使用辅助技术($M=3.07$)""d30. 在教学设计中阐述与辅助技术有关的目标($M=3.06$)""d33. 制订教学设计时研究辅助技术及其应用的知识($M=3.04$)""d27. 根据残疾学生的不同情况,制订适合他们辅助技术教学设计的能力($M=3.03$)""d28. 根据评估的需求,制订辅助技术教学设计的能力($M=3.02$)""d32. 为了评估学生使用辅助技术的能力,记录与分析数据的方法($M=2.98$)"。

5. 特殊教育教师辅助技术评估题项重要度与实施度差异分析

特殊教育教师的辅助技术评估题项重要度与实施度的差异分析结果见表 3-24。

表 3-24 评估题项重要度与实施度的差异分析

编码	题项	重要度 $M\pm SD$	实施度 $M\pm SD$	t
e. 评估	e35. 针对不同年级、不同年龄的残疾学生,进行辅助技术评估的能力	3.71±1.01	3.12±0.94	8.86***
	e36. 分析评估结果和编写评估报告书的能力	3.81±0.93	3.07±0.95	12.92***

续表

编码	题项	重要度 $M\pm SD$	实施度 $M\pm SD$	t
e.评估	e37.在个别化教育计划中,评估使用辅助技术装置目标的能力	3.76±0.91	3.01±1.00	12.62***
	e38.使用辅助技术后,评估残疾学生独立性的能力	3.82±0.90	3.05±1.02	12.73***
	e39.指导辅助技术后,评估残疾学生理解程度的能力	3.64±1.02	3.10±0.97	8.09***
	e40.评估辅助技术装置效果的能力	3.74±0.91	3.01±0.92	12.94***
	总体情况	3.74±0.82	3.06±0.82	13.45***

注:*** $p<0.001$。

从表 3-24 特殊教育教师的辅助技术评估题项重要度与实施度的差异结果得知,特殊教育教师的辅助技术评估 6 个题项的重要度与实施度均存在显著性差异($t=8.86,p<0.001;t=12.92,p<0.001;t=12.62,p<0.001;t=12.73,p<0.001;t=8.09,p<0.001;t=12.94,p<0.001$)。说明特殊教育教师的辅助技术专业能力中评估的 6 个题项的重要度均高于实施度。

具体来看,特殊教育教师的辅助技术评估 6 个题项的重要度均值由高到低依次为"e38.使用辅助技术后,评估残疾学生独立性的能力($M=3.82$)""e36.分析评估结果和编写评估报告书的能力($M=3.81$)""e37.在个别化教育计划中,评估使用辅助技术装置目标的能力($M=3.76$)""e40.评估辅助技术装置效果的能力($M=3.74$)""e35.针对不同年级、不同年龄的残疾学生,进行辅助技术评估的能力($M=3.71$)""e39.指导辅助技术后,评估残疾学生理解程度的能力($M=3.64$)"。

特殊教育教师的辅助技术评估 6 个题项的实施度均值由高到低依次为"e35.针对不同年级、不同年龄的残疾学生,进行辅助技术评估的能力($M=3.12$)""e39.指导辅助技术后,评估残疾学生理解程度的能力($M=3.10$)""e36.分析评估结果和编写评估报告书的能力($M=3.07$)""e38.使用辅助技术后,评估残疾学生独立性的能力($M=3.05$)""e37.在个别化教育计划中,评估使用辅助技术装置目标的能力($M=3.01$)""e40.评估辅助技术装置效果的能力($M=3.01$)"。

6. 特殊教育教师辅助技术专业发展题项重要度与实施度差异分析

特殊教育教师的辅助技术专业发展题项重要度与实施度的差异分析结果见表3-25。

表3-25 专业发展题项重要度与实施度的差异分析

编码	题项	重要度 $M\pm SD$	实施度 $M\pm SD$	t
f.专业发展	f41.为了增强辅助技术的专业性,了解关于筹措资金的知识	3.68±0.96	2.96±0.97	11.94***
	f42.为了支持残疾人辅助技术,了解相关社区或国家部门的信息	3.67±0.96	2.93±0.97	11.43***
	f43.与辅助技术组织或协会相关的信息	3.66±0.96	2.91±0.99	11.73***
	f44.与辅助技术开发商或供应商相关的信息	3.58±0.98	2.92±1.06	10.26***
	f45.与社区或者国家运营的辅助技术消费者团体组织相关的信息	3.58±1.00	2.96±1.02	9.20***
	f46.通过相关组织对于辅助技术的支持,解决残疾学生家庭困难的能力	3.62±1.03	3.10±0.94	7.94***
	f47.为了辅助技术服务的持续发展,参与增强专业性活动的能力	3.62±1.09	3.00±0.97	9.34***
	f48.为了获得辅助技术相关的信息,了解期刊或者访问网站的能力	3.55±0.99	3.03±0.92	8.50***
	f49.为了确保辅助技术的专业性,提高了解相关技术的能力	3.68±0.93	3.12±0.94	9.12***
	f50.根据辅助技术服务的运用成效,评估残疾学生的态度并反映实际情况的能力	3.79±0.94	3.07±0.89	12.01***
	总体情况	3.64±0.82	3.00±0.80	12.10***

注:*** $p<0.001$。

从表 3-25 特殊教育教师的辅助技术专业发展题项重要度与实施度的差异结果得知,特殊教育教师的辅助技术专业发展 10 个题项的重要度与实施度均存在显著性差异($t=11.94,p<0.001;t=11.43,p<0.001;t=11.73,p<0.001;t=10.26,p<0.001;t=9.20,p<0.001;t=7.94,p<0.001;t=9.34,p<0.001;t=8.50,p<0.001;t=9.12,p<0.001;t=12.01,p<0.001$)。说明特殊教育教师的辅助技术专业能力中专业发展的 10 个题项的重要度均高于实施度。

具体来看,特殊教育教师的辅助技术专业发展 10 个题项的重要度均值由高到低依次为"f50. 根据辅助技术服务的运用成效,评估残疾学生的态度并反映实际情况的能力($M=3.79$)""f41. 为了增强辅助技术的专业性,了解关于筹措资金的知识($M=3.68$)""f49. 为了确保辅助技术的专业性,提高了解相关技术的能力($M=3.68$)""f42. 为了支持残疾人辅助技术,了解相关社区或国家部门的信息($M=3.67$)""f43. 与辅助技术组织或协会相关的信息($M=3.66$)""f46. 通过相关组织对于辅助技术的支持,解决残疾学生家庭困难的能力($M=3.62$)""f47. 为了辅助技术服务的持续发展,参与增强专业性活动的能力($M=3.62$)""f44. 与辅助技术开发商或供应商相关的信息($M=3.58$)""f45. 与社区或者国家运营的辅助技术消费者团体组织相关的信息($M=3.58$)""f48. 为了获得辅助技术相关的信息,了解期刊或者访问网站的能力($M=3.55$)"。

特殊教育教师的辅助技术专业发展 10 个题项的实施度均值由高到低依次为"f49. 为了确保辅助技术的专业性,提高了解相关技术的能力($M=3.12$)""f46. 通过相关组织对于辅助技术的支持,解决残疾学生家庭困难的能力($M=3.10$)""f50. 根据辅助技术服务的运用成效,评估残疾学生的态度并反映实际情况的能力($M=3.07$)""f48. 为了获得辅助技术相关的信息,了解期刊或者访问网站的能力($M=3.03$)""f47. 为了辅助技术服务的持续发展,参与增强专业性活动的能力($M=3.00$)""f41. 为了增强辅助技术的专业性,了解关于筹措资金的知识($M=2.96$)""f45. 与社区或者国家运营的辅助技术消费者团体组织相关的信息($M=2.96$)""f42. 为了支持残疾人辅助技术,了解相关社区或国家部门的信息($M=2.93$)""f44. 与辅助技术开发商或供应商相关的信息($M=2.92$)""f43. 与辅助技术组织或协会相关的信息($M=2.91$)"。

7. 特殊教育教师辅助技术合作题项重要度与实施度差异分析

特殊教育教师的辅助技术合作题项重要度与实施度的差异分析结果见表 3-26。

表 3-26 合作题项重要度与实施度的差异分析

编码	题项	重要度 $M\pm SD$	实施度 $M\pm SD$	t
g.合作	g51.针对残疾学生的教育需求,参与多学科评估小组的能力	3.74±0.96	3.19±0.93	8.81***
	g52.为了辅助技术的教学指导计划的制订,参与多学科小组的能力	3.80±0.91	3.03±0.99	12.39***
	g53.与辅助技术专家或教育专家合作的能力	3.70±0.99	3.14±0.95	8.81***
	g54.对于购买辅助技术装置,与其负责人员相互合作的能力	3.66±0.95	3.11±0.92	9.13***
	g55.为了使用与指导适合的辅助技术,与相关服务人员共同决策的能力	3.59±0.99	3.06±1.02	8.23***
	g56.实施转衔教育时,确定辅助技术的需求以及与职业康复人员相互合作的能力	3.65±1.00	3.01±1.00	11.60***
	g57.为了残疾学生能够使用一般的教育技术,与普通教师相互合作的能力	3.69±0.99	3.09±1.00	9.56***
	g58.与从事各种残疾类型辅助技术工作的专家进行有效沟通的能力	3.66±0.98	3.18±0.92	7.64***
	g59.向学生周围人群(父母、普通教师、辅助教师)说明辅助技术装置使用与管理方法的能力	3.75±0.95	3.09±0.94	10.66***
	g60.向相关机构负责人阐述残疾学生辅助技术需求的能力	3.78±0.93	3.14±0.96	11.02***
	总体情况	3.70±0.80	3.10±0.78	12.30***

注:*** $p<0.001$。

从表 3-26 特殊教育教师的辅助技术合作题项重要度与实施度的差异结果得知,特殊教育教师的辅助技术合作 10 个题项的重要度与实施度均存在显著性差异($t=8.81,p<0.001;t=12.39,p<0.001;t=8.81,p<0.001;t=9.13,p<0.001;t=8.23,p<0.001;t=11.60,p<0.001;t=9.56,p<0.001;t=7.64,p<0.001;t=10.66,$

$p<0.001;t=11.02,p<0.001$)。说明特殊教育教师的辅助技术专业能力中合作的10个题项的重要度均高于实施度。

具体来看,特殊教育教师的辅助技术合作10个题项的重要度均值由高到低依次为"g52.为了辅助技术的教学指导计划的制订,参与多学科小组的能力($M=3.80$)""g60.向相关机构负责人阐述残疾学生辅助技术需求的能力($M=3.78$)""g59.向学生周围人群(父母、普通教师、辅助教师)说明辅助技术装置使用与管理方法的能力($M=3.75$)""g51.针对残疾学生的教育需求,参与多学科评估小组的能力($M=3.74$)""g53.与辅助技术专家或教育专家合作的能力($M=3.70$)""g57.为了残疾学生能够使用一般的教育技术,与普通教师相互合作的能力($M=3.69$)""g54.对于购买辅助技术装置,与其负责人员相互合作的能力($M=3.66$)""g58.与从事各种残疾类型辅助技术工作的专家进行有效沟通的能力($M=3.66$)""g56.实施转衔教育时,确定辅助技术的需求以及与职业康复人员相互合作的能力($M=3.65$)""g55.为了使用与指导适合的辅助技术,与相关服务人员共同决策的能力($M=3.59$)"。

特殊教育教师的辅助技术合作10个题项的实施度均值由高到低依次为"g51.针对残疾学生的教育需求,参与多学科评估小组的能力($M=3.19$)""g58.与从事各种残疾类型辅助技术工作的专家进行有效沟通的能力($M=3.18$)""g53.与辅助技术专家或教育专家合作的能力($M=3.14$)""g60.向相关机构负责人阐述残疾学生辅助技术需求的能力($M=3.14$)""g54.对于购买辅助技术装置,与其负责人员相互合作的能力($M=3.11$)""g57.为了残疾学生能够使用一般的教育技术,与普通教师相互合作的能力($M=3.09$)""g59.向学生周围人群(父母、普通教师、辅助教师)说明辅助技术装置使用与管理方法的能力($M=3.09$)""g55.为了使用与指导适合的辅助技术,与相关服务人员共同决策的能力($M=3.06$)""g52.为了辅助技术的教学指导计划的制订,参与多学科小组的能力($M=3.03$)""g56.实施转衔教育时,确定辅助技术的需求以及与职业康复人员相互合作的能力($M=3.01$)"。

三、基于 IPA 分析法特殊教育教师辅助技术专业能力重要度与实施度差异状态分析

(一)基于 IPA 分析法特殊教育教师辅助技术专业能力各维度重要度与实施度差异状态分析

基于IPA分析法特殊教育教师辅助技术专业能力各维度重要度与实施度差异状态分析结果如图3-2所示。

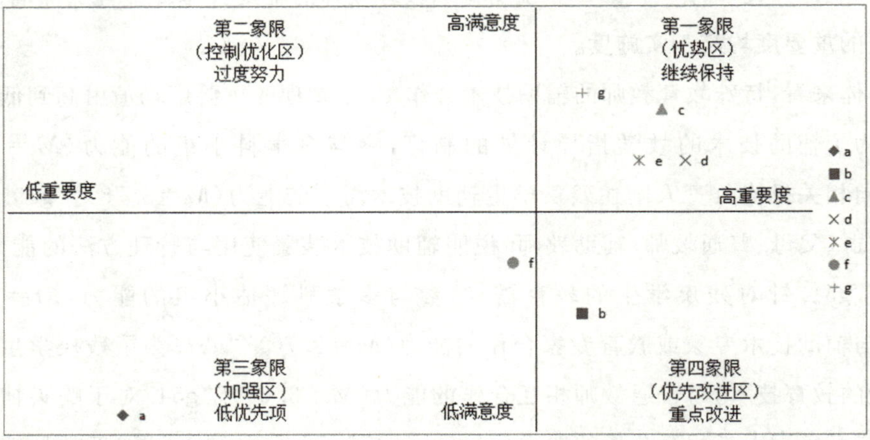

```
            第二象限           高满意度        第一象限
          （控制优化区）                    （优势区）
           过度努力                         继续保持
                                        +g
                                             ▲c
                                                        ◆a
          低重要度                      ×e ×d           ■b
                                                高重要度  ▲c
                                                        ×d
                                                        ×e
                                          ●f            ●f
                                                        +g
                                          ■b
            第三象限                         第四象限
          （加强区）          低满意度     （优先改进区）
           低优先项                         重点改进
          ◆a
```

a—基础知识；b—教学策略；c—学习环境；d—教学设计；e—评估；f—专业发展；g—合作。

图3-2　基于IPA分析法特殊教育教师辅助技术专业能力各维度重要度与实施度差异状态

从图3-2基于IPA分析法特殊教育教师的辅助技术专业能力各维度重要度与实施度的差异状态结果得知，第一象限（优势区）中有4个维度，第三象限（加强区）中有2个维度，第四象限（优先改进区）中有1个维度，第二象限（控制优化区）中没有维度分布。

具体来看，第一象限（优势区）中有c学习环境、d教学设计、e评估、g合作4个维度，这表明特殊教育教师认为辅助技术专业能力中c学习环境、d教学设计、e评估、g合作4个维度非常重要的同时实施度也非常高。第三象限（加强区）中有a基础知识、f专业发展2个维度，这表明特殊教育教师认为辅助技术专业能力中a基础知识、f专业发展2个维度不是非常重要的同时实施度也非常低。第四象限（优先改进区）中有b教学策略1个维度，这表明特殊教育教师认为辅助技术专业能力中b教学策略1个维度非常重要，但是实施度非常低。

（二）基于IPA分析法特殊教育教师辅助技术专业能力各题项重要度与实施度差异状态分析

基于IPA分析法特殊教育教师辅助技术专业能力各题项重要度与实施度差异结果如图3-3及表3-27所示。

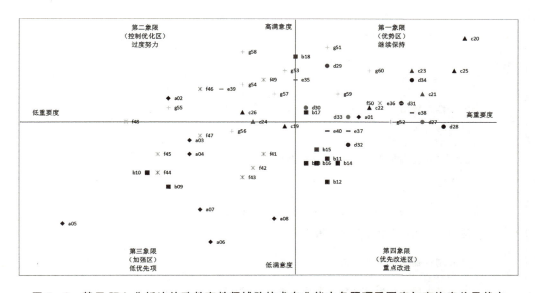

图 3-3 基于 IPA 分析法特殊教育教师辅助技术专业能力各题项重要度与实施度差异状态

表 3-27 基于 IPA 分析法特殊教育教师辅助技术专业能力各题项重要度与实施度差异状态

编码	题项	重要度	实施度	象限图位置			
				1	2	3	4
a. 基础 知识	a01.残疾人辅助技术的发展史	＋	＋	o			
	a02.与辅助技术相关的政策法规	－	＋		o		
	a03.辅助技术装置与辅助技术服务的定义	－	－			o	
	a04.提供辅助技术服务所需的文件	－	－			o	
	a05.低端技术与高端技术之间的差异	－	－			o	
	a06.辅助技术装置购入时相关的政策法规	－	－			o	
	a07.辅助技术与职业教育相关的知识	－	－			o	
	a08.辅助技术与通用学习设计相关的知识	－	－			o	
b. 教学 策略	b09.为了辅助技术装置的使用,与安装相关的基本概念	－	－			o	
	b10.与辅助技术装置管理相关的基本概念与教学策略	－	－			o	
	b11.使用辅助技术装置发生问题时,解决问题的教学策略	＋	－				o

续表

编码	题项	重要度	实施度	象限图位置			
				1	2	3	4
b. 教学策略	b12.作为转衔教育的一部分,与就业相关辅助技术的教学策略	+	−				o
	b13.指导获得辅助技术装置与辅助技术服务的教学策略	+	−				o
	b14.适合不同年龄段残疾学生的概念发展和运动能力而使用辅助技术的教学策略	+	−				o
	b15.制订辅助技术使用教学计划的策略	+	−				o
	b16.考虑残疾学生是否存在多重障碍,具有指导辅助技术能力的策略	+	−				o
	b17.根据学生的规模指导辅助技术的策略	+	+	o			
	b18.根据残疾学生的需求,收集辅助技术资料和修改教学计划的策略	+	+	o			
c. 学习环境	c19.在特定的学习环境中,评估与促进辅助技术使用的能力	−	−			o	
	c20.根据残疾学生不同的需求,营造指导辅助技术环境的能力	+	+	o			
	c21.在不同环境中使用辅助技术时,指导适合的社会技能的能力	+	+	o			
	c22.在最小限制环境及不同的场所中,能够使用辅助技术的知识	+	+	o			
	c23.使用辅助技术使残疾学生融入普通学校的相关策略	+	+	o			
	c24.擅长借助辅助技术来营造课堂环境	−	−			o	
	c25.不同环境下选用辅助技术的合适使用方法	+	+	o			
	c26.携带型辅助技术装置所需要的环境及其相关局限性	−	+		o		

续表

编码	题项	重要度	实施度	象限图位置			
				1	2	3	4
d. 教学设计	d27. 根据残疾学生的不同情况,制订适合他们的辅助技术教学设计	＋	＋	○			
	d28. 根据评估的需求,制订辅助技术的教学设计	＋	－				○
	d29. 为了制订有效的辅助技术指导计划,具备管理时间与人员的能力	＋	＋	○			
	d30. 在教学设计中阐述与辅助技术有关的目标	＋	＋	○			
	d31. 必要时在原始方法之外,通过其他方法使用辅助技术	＋	＋	○			
	d32. 为了评估学生使用辅助技术的能力,记录与分析数据的方法	＋	－				○
	d33. 制订教学设计时研究辅助技术及其应用的知识	＋	＋	○			
	d34. 在教学设计中如何融入使用辅助技术的知识	＋	＋	○			
e. 评估	e35. 根据不同年级、不同年龄的残疾学生,进行辅助技术评估的能力	＋	＋	○			
	e36. 分析评估结果和编写评估报告书的能力	＋	＋	○			
	e37. 在个别化教育计划中,评估使用辅助技术装置目标的能力	＋	－○				
	e38. 使用辅助技术后,评估残疾学生独立性的能力	＋	＋				
	e39. 指导辅助技术后,评估残疾学生理解程度的能力	－	＋		○		
	e40. 评估辅助技术装置效果的能力	＋	－				○
f. 专业发展	f41. 为了增强辅助技术的专业性,了解关于筹措资金的知识	－	－			○	
	f42. 为了支持残疾人辅助技术,了解相关社区或国家部门的信息	－	－			○	
	f43. 与辅助技术组织或协会相关的信息	－	－			○	
	f44. 与辅助技术开发商或供应商相关的信息	－	－			○	
	f45. 与社区或者国家运营的辅助技术消费者团体组织相关的信息	－	－			○	
	f46. 通过相关组织对于辅助技术的支持,解决残疾学生家庭困难的能力	－	＋		○		

续表

编码		题项	重要度	实施度	象限图位置			
					1	2	3	4
f. 专业 发展		f47. 为了辅助技术服务的持续发展,参与增强专业性活动的能力	−	−			o	
		f48. 为了获得辅助技术相关的信息,了解期刊或者访问网站的能力	−	−			o	
		f49. 为了确保辅助技术的专业性,提高了解相关技术的能力	−	+			o	
		f50. 根据辅助技术服务的运用成效,评估残疾学生的态度并反映实际情况的能力	+	+	o			
g. 合作		g51. 针对残疾学生的教育需求,参与多学科评估小组的能力	+	+	o			
		g52. 为了辅助技术的教学指导计划的制订,参与多学科小组的能力	+	+	o			
		g53. 与辅助技术专家或教育专家合作的能力	−	+		o		
		g54. 对于购买辅助技术装置,与其负责人员相互合作的能力	−	−			o	
		g55. 为了使用与指导适合的辅助技术,与相关服务人员共同决策的能力	−	+		o		
		g56. 实施转衔教育时,确定辅助技术的需求以及与职业康复人员相互合作的能力	−	−			o	
		g57. 为了残疾学生能够使用一般的教育技术,与普通教师相互合作的能力	−	+		o		
		g58. 与从事各种残疾类型辅助技术工作的专家进行有效沟通的能力	−	+		o		
		g59. 向学生周围人群(父母、普通教师、辅助教师)说明辅助技术装置使用与管理方法的能力	+	+	o			
		g60. 向相关机构负责人阐述残疾学生辅助技术需求的能力	+	+	o			
合计(个数)					22	10	18	10

从表 3-27 基于 IPA 分析法特殊教育教师辅助技术专业能力各题项重要度与实施度差异状态结果得知,第一象限(优势区)中有 22 个题项,第二象限(控制优化区)中有 10 个题项,第三象限(加强区)中有 18 个题项,第四象限(优先改进区)中有 10 个题项。

具体来看，第一象限中基础知识维度有 1 个题项，教学策略维度有 2 个题项，学习环境维度有 5 个题项，教学设计维度有 6 个题项，评估维度有 3 个题项，专业发展维度有 1 个题项，合作维度有 4 个题项，这 22 个题项是特殊教育教师认为非常重要且实施度也非常高。

第二象限中基础知识维度有 1 个题项，学习环境维度有 1 个题项，评估维度有 1 个题项，专业发展维度有 2 个题项，合作维度有 5 个题项，这 10 个题项是特殊教育教师认为不是非常重要但是实施度非常高的。

第三象限中基础知识维度有 6 个题项，教学策略维度有 2 个题项，学习环境维度有 2 个题项，专业发展维度有 7 个题项，合作维度有 1 个题项，这 18 个题项是特殊教育教师认为不是很重要的同时实施度也非常低的。

第四象限中教学策略维度有 6 个题项，教学设计维度有 2 个题项，评估维度有 2 个题项，这 10 个题项是特殊教育教师认为非常重要但是实施度非常低的。

四、特殊教育教师的辅助技术专业能力影响因素分析

(一) 特殊教育教师辅助技术专业能力重要度影响因素分析

特殊教育教师辅助技术专业能力重要度影响因素结果分析见表 3-28 至表 3-33。

1. 辅助技术专业能力重要度性别差异比较分析

辅助技术专业能力重要度性别差异比较分析结果见表 3-28。

表 3-28 重要度性别差异比较分析

	性别/$M\pm SD$		t
	男($n=88$)	女($n=321$)	
基础知识	3.25±0.66	3.31±0.59	−0.85
教学策略	3.62±0.87	3.72±0.81	−1.00
学习环境	3.62±0.90	3.81±0.77	−1.98*
教学设计	3.66±0.86	3.81±0.76	−1.60
评估	3.59±0.87	3.78±0.80	−1.97*
专业发展	3.46±0.91	3.69±0.78	−2.26*
合作	3.55±0.89	3.74±0.77	−1.93

注：* $p<0.05$。

从表 3-28 特殊教育教师辅助技术专业能力重要度性别差异比较分析结果得知,性别与学习环境($t=-1.98, p<0.05$)、评估($t=-1.97, p<0.05$)和专业发展($t=-2.26, p<0.05$)存在显著性差异,与基础知识、教学策略、教学设计和合作不存在显著性差异。因此,女教师的辅助技术专业能力重要度中的学习环境、评估和专业发展高于男教师。

2. 辅助技术专业能力重要度年龄差异比较分析

辅助技术专业能力重要度年龄差异比较分析结果见表 3-29。

表 3-29 重要度年龄差异比较分析

	年龄/$M±SD$				F	事后检验
	20～30 岁 ($n=233$)	31～40 岁 ($n=92$)	41～50 岁 ($n=51$)	50 岁以上 ($n=33$)		
基础知识	3.23±0.58	3.40±0.64	3.49±0.60	3.15±0.64	4.22**	b>a,d;c>a,d
教学策略	3.67±0.83	3.77±0.81	3.82±0.76	3.45±0.92	1.66	
学习环境	3.76±0.81	3.79±0.81	3.90±0.74	3.57±0.81	1.13	
教学设计	3.79±0.79	3.80±0.79	3.87±0.78	3.54±0.76	1.30	
评估	3.75±0.81	3.79±0.84	3.81±0.80	3.45±0.86	1.59	
专业发展	3.64±0.79	3.67±0.86	3.70±0.81	3.45±0.86	0.74	
合作	3.70±0.78	3.72±0.87	3.79±0.77	3.70±0.80	1.05	

注:** $p<0.01$。

从表 3-29 特殊教育教师辅助技术专业能力重要度年龄差异比较分析结果得知,年龄与基础知识($F=4.22, p<0.01$)存在显著性差异,与教学策略、学习环境、教学设计、评估、专业发展和合作不存在显著性差异。事后检验发现,年龄为 31～40 岁教师的辅助技术专业能力重要度中的基础知识高于 20～30 岁教师(LSD=0.16, $p<0.05$)和 50 岁以上教师(LSD=0.24, $p<0.05$),41～50 岁教师的辅助技术专业能力重要度中的基础知识高于 20～30 岁教师(LSD=0.26, $p<0.05$)和 50 岁以上教师(LSD=0.33, $p<0.05$)。

3. 辅助技术专业能力重要度教龄差异比较分析

辅助技术专业能力重要度教龄差异比较分析结果见表 3-30。

表 3-30 重要度教龄差异比较分析

	教龄/$M\pm SD$			F	事后检验
	1~10年($n=332$)	11~20年($n=52$)	20年以上($n=25$)		
基础知识	3.25±0.60	3.54±0.53	3.40±0.72	5.62**	b>a
教学策略	3.67±0.82	3.86±0.74	3.73±1.01	1.24	
学习环境	3.74±0.81	3.94±0.70	3.78±0.97	1.42	
教学设计	3.76±0.79	3.89±0.69	3.80±0.96	0.61	
评估	3.75±0.81	3.89±0.75	3.72±0.98	0.91	
专业发展	3.63±0.80	3.70±0.78	3.65±1.07	1.92	
合作	3.68±0.80	3.80±0.74	3.73±0.92	0.48	

注:** $p<0.01$。

从表 3-30 特殊教育教师辅助技术专业能力重要度教龄差异比较分析结果得知,教龄与基础知识($F=5.62, p<0.01$)存在显著性差异,与教学策略、学习环境、教学设计、评估、专业发展和合作不存在显著性差异。事后检验发现,教龄为 11~20 年的教师的辅助技术专业能力重要度中的基础知识高于 1~10 年的教师($LSD=0.29, p<0.05$)。

4. 辅助技术专业能力重要度学历差异比较分析

辅助技术专业能力重要度学历差异比较分析结果见表 3-31。

表 3-31 重要度学历差异比较分析

	学历/$M\pm SD$			F
	专科($n=76$)	本科($n=290$)	研究生($n=43$)	
基础知识	3.39±0.69	3.27±0.60	3.30±0.53	1.26
教学策略	3.62±0.82	3.70±0.84	3.81±0.72	0.73
学习环境	3.66±0.88	3.79±0.79	3.77±0.76	0.85
教学设计	3.64±0.82	3.81±0.78	3.87±0.72	1.57
评估	3.69±0.80	3.75±0.83	3.80±0.80	0.26
专业发展	3.51±0.83	3.67±0.83	3.64±0.67	1.22
合作	3.56±0.84	3.74±0.79	3.64±0.76	1.68

从表 3-31 特殊教育教师辅助技术专业能力重要度学历差异比较分析结果得知,教龄与基础知识、教学策略、学习环境、教学设计、评估、专业发展和合作不存在显著性差异。

5. 辅助技术专业能力重要度教师资格证类型差异比较分析

辅助技术专业能力重要度教师资格证类型差异比较分析结果见表 3-32。

表 3-32　重要度教师资格证类型差异比较分析

	教师资格证类型/$M\pm SD$		t
	特殊教育教师资格证($n=105$)	普通教师资格证($n=304$)	
基础知识	3.31±0.63	3.29±0.60	0.37
教学策略	3.69±0.89	3.70±0.80	−0.08
学习环境	3.74±0.83	3.78±0.80	−0.41
教学设计	3.78±0.79	3.78±0.79	−0.55
评估	3.74±0.83	3.74±0.82	0.01
专业发展	3.60±0.83	3.65±0.81	−0.61
合作	3.68±0.84	3.71±0.79	−0.29

从表 3-32 特殊教育教师辅助技术专业能力重要度教师资格证类型差异比较分析结果得知，教师资格证类型与基础知识、教学策略、学习环境、教学设计、评估、专业发展和合作不存在显著性差异。

6. 辅助技术专业能力重要度有无辅助技术培训经验差异比较分析

辅助技术专业能力重要度有无辅助技术培训经验差异比较分析结果见表 3-33。

表 3-33　重要度有无辅助技术培训经验差异比较分析

	有无辅助技术培训经验/$M\pm SD$		t
	有($n=69$)	没有($n=340$)	
基础知识	3.45±0.70	3.26±0.58	2.31*
教学策略	3.72±0.84	3.69±0.82	0.30
学习环境	3.75±0.90	3.77±0.79	−0.22
教学设计	3.75±0.90	3.79±0.76	−0.36
评估	3.68±0.96	3.75±0.79	−0.69
专业发展	3.62±0.91	3.64±0.79	−0.22
合作	3.66±0.90	3.71±0.78	−0.41

注：* $p<0.05$。

从表 3-33 特殊教育教师辅助技术专业能力重要度有无辅助技术培训经验差异比较分析结果得知,有无辅助技术培训经验与基础知识($t=2.31, p<0.05$)存在显著性差异,与教学策略、学习环境、教学设计、评估、专业发展和合作不存在显著性差异。因此,有辅助技术培训经验的教师的辅助技术专业能力重要度中的基础知识高于没有辅助技术培训经验的教师。

(二)特殊教育教师辅助技术专业能力实施度影响因素分析

特殊教育教师辅助技术专业能力实施度影响因素分析结果见表 3-34 至表 3-39。

1. 辅助技术专业能力实施度性别差异比较分析

辅助技术专业能力实施度性别差异比较分析结果见表 3-34。

表 3-34 实施度性别差异比较分析

	性别/$M\pm SD$		t
	男($n=88$)	女($n=321$)	
基础知识	2.91±0.72	2.91±0.78	-0.05
教学策略	2.98±0.76	2.96±0.80	0.20
学习环境	3.05±0.77	3.10±0.80	-0.47
教学设计	3.00±0.73	3.07±0.80	-0.76
评估	2.98±0.75	3.08±0.83	-0.93
专业发展	2.97±0.77	3.00±0.80	-0.28
合作	3.07±0.76	3.11±0.79	-0.43

从表 3-34 特殊教育教师辅助技术专业能力实施度性别差异比较分析结果得知,性别与基础知识、教学策略、学习环境、教学设计、评估、专业发展和合作不存在显著性差异。

2. 辅助技术专业能力实施度年龄差异比较分析

辅助技术专业能力实施度年龄差异比较分析结果见表 3-35。

表 3-35 实施度年龄差异比较分析

	年龄/$M\pm SD$				F
	20~30 岁($n=233$)	31~40 岁($n=92$)	41~50 岁($n=51$)	50 岁以上($n=33$)	
基础知识	2.85±0.75	2.97±0.81	3.10±0.83	2.87±0.60	1.69
教学策略	2.89±0.78	3.08±0.75	3.13±0.94	2.92±0.60	2.13

续表

	年龄/$M\pm SD$				F
	20~30岁($n=233$)	31~40岁($n=92$)	41~50岁($n=51$)	50岁以上($n=33$)	
学习环境	3.06±0.79	3.13±0.77	3.14±0.92	3.06±0.65	0.28
教学设计	3.02±0.77	3.10±0.82	3.11±0.93	3.06±0.56	0.31
评估	3.01±0.79	3.18±0.86	3.11±0.93	2.98±0.61	1.12
专业发展	2.95±0.78	3.11±0.81	3.08±0.90	2.87±0.59	1.36
合作	3.07±0.79	3.17±0.83	3.16±0.80	3.01±0.52	0.55

从表3-35特殊教育教师辅助技术专业能力实施度年龄差异比较分析结果得知,年龄与基础知识、教学策略、学习环境、教学设计、评估、专业发展和合作不存在显著性差异。

3. 辅助技术专业能力实施度教龄差异比较分析

辅助技术专业能力实施度教龄差异比较分析结果见表3-36。

表3-36 实施度教龄差异比较分析

	教龄/$M\pm SD$			F	事后检验
	1~10年($n=332$)	11~20年($n=52$)	20年以上($n=25$)		
基础知识	2.36±0.76	3.15±0.76	3.05±0.73	3.70*	b>a
教学策略	2.92±0.77	3.21±0.84	3.04±0.79	3.17*	b>a
学习环境	3.05±0.78	3.34±0.82	3.11±0.81	3.01	
教学设计	3.02±0.77	3.24±0.89	3.14±0.76	1.88	
评估	3.02±0.79	3.26±0.94	3.09±0.80	1.89	
专业发展	2.97±0.78	3.14±0.81	2.96±0.83	1.00	
合作	3.07±0.78	3.29±0.79	3.14±0.69	1.93	

注:* $p<0.05$。

从表3-36特殊教育教师辅助技术专业能力实施度教龄差异比较分析结果得知,教龄与基础知识($F=3.70, p<0.05$)和教学策略($F=3.17, p<0.05$)存在显著性差异,与学习环境、教学设计、评估、专业发展和合作不存在显著性差异。事后检验发现,教龄为11~20年的教师的辅助技术专业能力实施度中的基础知识和教学策略高于1~10年的教师(LSD=0.29, $p<0.05$)。

4. 辅助技术专业能力实施度学历差异比较分析

辅助技术专业能力实施度学历差异比较分析见表3-37。

表 3-37　实施度学历差异比较分析

	学历/$M\pm SD$			F	事后检验
	专科($n=76$)	本科($n=290$)	研究生($n=43$)		
基础知识	3.17±0.81	2.86±0.74	2.79±0.79	5.58**	a>b;a>c
教学策略	3.20±0.87	2.91±0.76	2.88±0.77	4.22*	a>b;a>c
学习环境	3.22±0.89	3.07±0.77	3.00±0.75	1.34	
教学设计	3.19±0.87	3.03±0.78	3.02±0.64	1.41	
评估	3.24±0.89	3.02±0.81	2.99±0.67	2.41	
专业发展	3.17±0.84	2.95±0.78	2.99±0.75	2.41	
合作	3.20±0.81	3.08±0.78	3.06±0.69	0.75	

注：** $p<0.01$；* $p<0.05$.

从表 3-37 特殊教育教师辅助技术专业能力实施度各维度学历差异比较分析结果得知，学历与基础知识（$F=5.58$，$p<0.01$）和教学策略（$F=4.22$，$p<0.05$）存在显著性差异，与学习环境、教学设计、评估、专业发展和合作不存在显著性差异。事后检验发现，学历为专科毕业的教师的辅助技术专业能力重要度各维度中的基础知识高于本科毕业的教师（$LSD=0.31$，$p<0.05$）和研究生毕业的教师（$LSD=0.38$，$p<0.05$），学历为专科毕业的教师的辅助技术专业能力实施度中的教学策略高于本科毕业的教师（$LSD=0.28$，$p<0.05$）和研究生毕业的教师（$LSD=0.32$，$p<0.05$）。

5. 辅助技术专业能力实施度教师资格证类型差异比较分析

辅助技术专业能力实施度教师资格证类型差异比较分析见表 3-38。

表 3-38　实施度教师资格证类型差异比较分析

	教师资格证类型/$M\pm SD$		t
	特殊教育教师资格证($n=105$)	普通教师资格证($n=304$)	
基础知识	2.91±0.89	2.91±0.72	−0.05
教学策略	2.94±0.97	2.97±0.72	−0.28
学习环境	3.10±0.90	3.08±0.75	−0.23
教学设计	3.05±0.89	3.06±0.75	−0.13
评估	3.08±0.93	3.05±0.77	0.35
专业发展	2.98±0.90	3.00±0.75	−0.28
合作	3.08±0.89	3.11±0.74	−0.25

从表 3-38 特殊教育教师辅助技术专业能力实施度教师资格证类型差异比较分析结果得知,教师资格证类型与基础知识、教学策略、学习环境、教学设计、评估、专业发展和合作不存在显著性差异。

6. 辅助技术专业能力实施度有无辅助技术培训经验差异比较分析

辅助技术专业能力实施度有无辅助技术培训经验差异比较分析结果见表 3-39。

表 3-39　实施度有无辅助技术培训经验差异比较分析

	有无辅助技术培训经验/M±SD		t
	有($n=69$)	没有($n=340$)	
基础知识	3.20±0.78	2.85±0.75	3.45**
教学策略	3.25±0.81	2.91±0.77	3.29**
学习环境	3.34±0.80	3.04±0.78	2.91**
教学设计	3.35±0.84	3.00±0.76	3.42**
评估	3.27±0.91	3.01±0.79	2.40**
专业发展	3.19±0.77	2.96±0.79	2.20**
合作	3.26±0.80	3.07±0.77	1.83

注:** $p<0.01$。

从表 3-39 特殊教育教师辅助技术专业能力实施度有无辅助技术培训经验差异比较分析结果得知,有无辅助技术培训经验与基础知识($t=3.45,p<0.01$)、教学策略($t=3.29,p<0.01$)、学习环境($t=2.91,p<0.01$)、教学设计($t=3.42,p<0.01$)、评估($t=2.40,p<0.01$)和专业发展($t=2.20,p<0.01$)存在显著性差异,与合作不存在显著性差异。因此,有辅助技术培训经验的教师的辅助技术专业能力实施度中的基础知识、教学策略、学习环境、教学设计、评估和专业发展均高于没有辅助技术培训经验的教师。

第四章 特殊教育教师辅助技术专业能力讨论及建议

第一节 特殊教育教师辅助技术专业能力研究结果讨论

一、特殊教育教师辅助技术专业能力重要度与实施度差异结果讨论

特殊教育教师辅助技术专业能力的 7 个维度（基础知识、教学策略、学习环境、教学设计、评估、专业发展、合作）的重要度与实施度均存在显著性差异，并且特殊教育教师辅助技术专业能力各维度的重要度均高于实施度。这表明，特殊教育教师深刻认识到辅助技术专业能力的重要性，但对自己在这一领域的实际掌握程度评价较低。因此，全面提升特殊教育教师关于辅助技术的知识水平与技能显得尤为必要。

为了加强对残疾学生的辅助技术支持，特殊教育教师掌握与辅助技术相关的知识和技能显得至关重要（Sah，2013）。为提升特殊教育教师对辅助技术的认识及应用能力，特殊教育教师应了解有关残疾学生特定需求的知识，以及各种辅助设备的使用方法（肖菊英等，2015）。此外，相关教育机构也应支持特殊教育教师获取最新的辅助技术信息，并在其运用这些技术的过程中提供充分的支持与帮助（郑俭等，2007）。

大多数的特殊教育教师已经意识到参与辅助技术教育培训的重要性，这有助于他们更深入地了解辅助技术相关知识和使用方法（Lee et al.，2017）。随着在辅助技术教育培训方面经验的积累，特殊教育教师对于运用辅助类技术的信心也随之增强（Long et al.，2007）。因此，应当为特殊教育教师创造更多参与此类培训的机会，以促进其专业技能的发展（Wong et al.，2011）。

一项研究发现，美国盲校教师辅助技术专业能力在 10 个维度（辅助技术的基础、与残疾有关的事项、辅助技术的使用、教学策略、学习环境、信息获取、教学设计、评估、专业发展、合作）中有 7 个维度处于较高水平，有 3 个维度处于中等水平。但是本研究发现，特殊教育教师辅助技术专业能力的 7 个维度几乎都处于中等水平。造成这一结果差异的原因可能是本研究没有考虑残疾类型的差异。

一项研究结果曾表明，与美国的特殊教育教师相比，我国特殊教育教师在辅助技术专业能力方面存在差距（肖菊英，2018）。为提升我国特殊教育教师的辅助技术专业能力，教育管理部门及相关机构应当提供必要的支持，并在法律和政策层面明确界定辅助技术的具体内容（例如辅助技术的支持事项、程序、预算等）（李欢 等，2020）。鉴于我国特殊教育的现状，在特殊教育学校内，为了有效评估与提供辅助技术服务，制订一套关于辅助技术能力的标准或指南显得尤为重要（肖菊英，2018）。这样的标准或指南能够

帮助特殊教育教师更加系统地学习辅助技术相关知识(Allman et al.,2014)。此外,在高等教育阶段为特殊教育专业的学生开设辅助技术相关课程,可以让职前特殊教育教师提前接触并掌握基本的辅助技术知识与技能。换句话说,通过在大学课程中融入辅助技术的教学内容,职前特殊教育教师将有机会更早地获得跨领域的专业知识和技术训练。这不仅有助于提高他们日后工作中使用辅助技术的效率,还能显著增强其专业水平。目前我国各地区已建立了多个辅助技术中心,这些中心会定期举办培训活动,旨在帮助参与者获得所需的专业资格证书(朱图陵,2017)。加强针对特殊教育领域辅助技术的支持体系,有望大幅提升该领域教师的专业素养,从而更好地服务于有特殊需求的学生群体。总之,通过实施上述措施,我们可以期待我国特殊教育教师在辅助技术应用方面取得长足进步。

二、基于 IPA 分析法特殊教育教师辅助技术专业能力重要度与实施度差异状态结果讨论

基于 IPA 分析法特殊教育教师的辅助技术专业能力各维度重要度与实施度的差异状态结果中,第一象限(优势区)中有 4 个维度,分别是学习环境、教学规划、评价和合作;第三象限(加强区)中有 2 个维度,分别是基础知识和专业发展;第四象限(优先改进区)中有 1 个维度,是教学策略。

首先,特殊教育教师的辅助技术专业能力各维度重要度与实施度的差异状态结果显示,特殊教育教师认为辅助技术专业能力中学习环境、教学设计、评估、合作 4 个维度非常重要的同时实施度也非常高。除了掌握使用辅助技术的基本能力之外,特殊教育教师还需要了解如何在学习环境中更有效地应用这些技术(Copley et al.,2004)。然而,相关研究表明,部分特殊教育教师缺乏将辅助技术有效融入课堂教学所需的知识和技能(Mundy et al.,2012)。因此,为了更好地满足残疾学生的需求,特殊教育教师应当持续努力,创造残疾学生适应的学习环境,促进残疾学生对辅助技术的应用。同时,特殊教育教师还应该熟悉采用辅助技术支持残疾学生参与普通课堂活动的策略,以帮助学生不仅在学术上取得进步,还能在不同情境下利用辅助技术提升其社交技能(Lamond et al.,2020)。通过这种方式,特殊教育教师不仅能提高自身的专业水平,也能为残疾学生提供更加全面的支持,确保他们在学习过程中能够充分利用辅助技术所带来的好处。

教学设计不仅需要对残疾学生的学习进展进行了解和评估,还需要深入研究如何在教学过程中有效应用辅助技术,并探索将这些技术更好地整合到教学计划中的方法(Ryu,2016)。此外,为每位残疾学生量身定制合适的辅助技术教学设计同样是至关重要的。根据评估结果,特殊教育教师应不断提升自身的时间管理和人员管理能力,以及

将辅助技术融入个别化教育计划的能力(Smith et al.,2009)。不仅如此,为了确保残疾学生能够有效地学习,特殊教育教师还应当基于学生的具体需求来设计教学活动(Burgos,2015)。这样的个别化教学设计不仅能增强残疾学生的学习体验,还能使他们在学习和个人发展方面都有所进步。通过采用这种方式,特殊教育教师可以更加精准地满足每一位残疾学生的特殊需求,从而帮助他们克服障碍、发挥潜能。

在辅助技术专业能力方面,为了准确评估辅助技术装置的有效性,及时的评估是必不可少的(Wong,2016)。这要求特殊教育教师不仅需要掌握评估这些技术工具效能的方法,还需要具备分析评估结果及撰写评估报告的能力。为确保能够对残疾学生实施恰当的辅助技术评估,有必要制订一套针对特殊教育教师的专业技能培养计划,并开发相应的辅助技术评估工具。在此过程中,应优先考虑并尊重残疾学生的个人意见与需求。此外,建议将辅助技术评估的相关知识纳入特殊教育教师的培训课程中。(Lamond et al.,2020)。

特殊教育教师与相关人力资源及机构的合作,对于支持残疾学生使用辅助技术至关重要。研究结果显示,特殊教育教师在应用辅助技术的过程中,通常会与校内外的相关机构建立合作关系(Wong,2016)。然而,为了更有效地利用辅助技术服务残疾学生,特殊教育教师除了要具备与普通教师或助教合作的能力之外,还需要具备能够与辅助技术专家进行有效沟通的能力。辅助技术专家不仅需要拥有与残疾学生及特殊教育教师协作所需的能力,还应掌握提供技术支持所必需的知识。此外,家长的参与对于辅助技术服务的成功实施同样不可或缺。这意味着,为了创造一个有利于残疾学生学习的良好环境,辅助技术专家、特殊教育教师、家长,以及学校和社会各界必须携手合作(Ahmed,2018)。

特殊教育教师的辅助技术专业能力各维度重要度与实施度的差异状态结果显示,特殊教育教师认为辅助技术专业能力中基础知识、专业发展这2个维度不是非常重要,同时其实施度也非常低。换言之,特殊教育教师辅助技术专业能力中基础知识、专业发展领域的重要性和实施水平需要提高。有相关研究表明,部分特殊教育教师指出自身非常缺乏辅助技术的基础知识(Lee et al.,2005)。因此,为了充分提供残疾学生所需的教育支持,负责该学生的特殊教育教师必须具备运用辅助技术基础知识的专业能力(Ryu et al.,2017)。特殊教育教师应当重视与辅助技术相关的通用设计知识、辅助技术在职业教育中的应用知识,以及在购买辅助技术设备时所涉及的法律和制度知识。这些专业知识对于确保残疾学生能够有效地利用辅助技术、促进其教育和个人发展至关重要。

特殊教育教师应认识到辅助技术专业能力持续发展的重要性。为此,有必要给特殊教育教师提供辅助技术专业发展机会,以便提升其参与教学活动的能力。不仅如此,为了提升特殊教育教师辅助技术专业能力还需要具备有关行政机构支持或资金筹措的知识(Burgos,2015)。因为科技在快速发展,所以需要定期对特殊教育教师进行新型辅助技术的专业培训(Sah,2013)。特殊教育教师应了解有关支持残疾学生辅助技术的组织、社区的信息及有关辅助技术制造商或供应商的信息。特殊教育教师应加强对辅助技术基础知识的学习和对专业发展的重视程度,同时为了更好地实施辅助技术而不断努力。

特殊教育教师的辅助技术专业能力各维度重要度与实施度的差异状态结果显示,特殊教育教师认为辅助技术专业能力中教学策略这个维度非常重要,但是实施度非常低。换句话说,虽然教学策略在特殊教育教师的辅助技术专业能力中被认为是非常重要的,但其实际实施度却相对较低。导致这一现象的原因是特殊教育教师需要掌握广泛的辅助技术知识和技能,且其需要面对种类繁多的辅助技术设备及有着多样化需求的残疾学生群体(Smith et al.,2009)。因此,为了提升辅助技术教学策略的有效性,必须加强对特殊教育教师的专业培训,增加有关辅助技术的课程设置及学习资源。

三、特殊教育教师的辅助技术专业能力影响因素结果讨论

特殊教育教师有无辅助技术培训经验会对辅助技术专业能力实施度产生影响。有辅助技术培训经验的特殊教育教师高于没有辅助技术培训经验的特殊教育教师辅助技术专业能力实施度。特殊教育教师可以通过参加辅助技术相关的培训,获取大量的知识、信息和技能,从而更有效地利用这些技术教导学生。辅助技术的有效应用依赖教师对相关知识的掌握和对自身专业能力的要求(Alkahtani,2013)。因此,应制订符合我国国情的专业化、系统化的特殊教育教师辅助技术培训内容标准。

第二节 特殊教育教师辅助技术专业能力提升对策及建议

一、培养高校特殊教育专业学生辅助技术专业能力

据了解,目前大部分高校特殊教育专业都开设了辅助技术相关课程,在此基础上,可以将辅助技术课程进行梳理整合,将辅助技术课程设置为相关学科基础知识课程、辅助技术专题研究课程、辅助技术应用实习课程三大类。

相关学科基础知识课程指的是为特殊教育专业学生补充与辅助技术相关的基础知识的课程,如为特殊教育专业学生在辅助技术课程中加入工学基础知识课程和医学基

础知识课程。工学基础知识课程包括辅助技术开发中最常见的基本技术、典型辅助器具的构造原理、计算机及多媒体等教学软件的开发等内容。而医学基础知识课程包括各类障碍类型儿童的特征、能力缺陷与发展潜能，解剖学基础，康复基础等内容。随着人工智能的发展，将人工智能与辅助技术相结合已成必然趋势，而作为特殊教育专业的学生，也有必要了解人工智能相关知识。因此，为特殊教育专业学生补充相关学科的基础知识是非常有必要的，这不仅能帮助特殊教育专业学生尽早了解残疾学生的辅助技术需求，还能通过参加一些大学生项目活动来提高特殊教育专业学生设计与开发简易辅助技术的能力。

辅助技术专题研究课程是指培养特殊教育专业学生的辅助技术专业能力的课程，通常包括以下几个模块：辅助技术导论、特殊教育与辅助技术、辅助技术装置、辅助技术服务、辅助技术适配与评估、各类辅助技术应用等。辅助技术导论包括残疾的基本概念与分类、辅助技术的基本概念与分类、辅助技术相关的法律与政策支持、康复工程与辅助技术、辅助技术装置与辅助技术服务的标准、辅助技术从业人员的资格认证等内容。特殊教育与辅助技术包括特殊教育与辅助技术的联系、辅助技术在特殊教育中的重要性及应用、特殊教育教师应具备的辅助技术专业能力等内容。辅助技术装置包括辅助技术装置的信息获取、辅助技术装置的适配程序、辅助技术装置支持计划的确立、辅助技术装置的培训等内容。辅助技术服务包括辅助技术服务的支持模式、辅助技术服务的构成要素与各要素之间的联系、辅助技术服务机构与组织的构成与管理、辅助技术咨询等相关服务工作的介绍、辅助技术筹资、辅助技术服务品质评价等内容。辅助技术适配与评估包括辅助技术适配原理和流程、辅助技术书适配方案、辅助技术适配效果跟踪与评估等内容。各类辅助技术应用包括各类障碍儿童使用的辅助技术等内容，比如视觉障碍儿童使用的辅助技术、听觉障碍儿童使用的辅助技术、肢体障碍儿童使用的辅助技术、智力障碍儿童使用的辅助技术、孤独症儿童使用的辅助技术、沟通障碍儿童使用的辅助技术、学习障碍儿童使用的辅助技术等。

辅助技术应用实习课程是指为特殊教育专业学生提供应用知识、实践技能、获得实际操作体验的机会的课程。在实习课程中可以将特殊教育专业学生安排到相应的辅助技术服务机构、特殊教育学校、普通学校的资源教室或特殊班等场所，让特殊教育专业学生将在课堂中学到的辅助技术知识与技能运用到实际生活中，并积极协助专业团队为残疾学生进行辅助技术需求评估与辅具适配，以实际操作来丰富学生的经验，提高辅助技术专业能力。同时，还可以将特殊教育专业学生安排到辅助技术相关研发公司实习，让他们参与辅助技术产品和项目的开发、设计、生产与使用效果的评估，了解辅助技术产品的运作与管理，进一步提高特殊教育专业学生的辅助技术专业能力。

二、增加特殊教育教师辅助技术培训机会

我国辅助技术的主管机构主要是中国残疾人联合会中的各级辅助器具中心,辅助器具中心拥有较为丰富的辅助技术装置及相应的辅助技术专业人员。教育主管机构应积极主动地向当地辅助器具中心申请专业人员对特殊教育教师进行专业知识的培训。辅助器具中心也可以通过自己的网站提供远程辅助技术课程,由特殊教育教师自行选择学习。教育主管机构定期考核以检测特殊教育教师的学习状况,并根据实际需要做出相应的调整(高亮,2009)。

相关机构可以举办辅助技术培训会,邀请行业内处于研究和服务一线的知名专家参加讲座,也可以广泛联络行业知名的辅助技术厂商和供应商从全国调集典型先进产品来配合专家的授课。同时,为充分保障培训的有效开展,可以借助现代化直播设备,建立线上线下相结合的现代教学方式,为辅助技术服务工作者提供关于职业标准、核心技能和先进技术的多元化、高质量培训。培训课程的设置可以依照《全国残联系统康复专业技术人员规范化培训实施方案》的要求。

参考文献

曹宇星,2012.美国听障教育辅助技术应用现状及启示[J].中国听力语言康复科学杂志,10(3):210-212.

陈妙姿,2010.南部七县市小学特殊教育教师辅助科技知能之调查研究[D].台南:台南教育大学.

陈云英,2004.中国特殊教育学基础[M].北京:教育科学出版社.

陈忠胜,2009.视障教育教师辅助科技服务专业知能之调查研究[D].台南:台南教育大学.

陈祖钦,2015.辅助技术在盲校职业教育课程教学中的探究[J].时代教育,22:131-132.

杜静,曲学利,2009.辅助技术在特殊教育中应用的研究[J].中国康复理论与实践,15(3):286-288.

杜静,2009.个别化教育辅助技术装置适配研究[D].北京:首都师范大学.

方俊明,2005.特殊教育学[M].北京:人民教育出版社.

高亮,2009.特殊教育教师辅助技术素养内容建构研究[D].重庆:重庆师范大学.

黄存泉,2011.随班就读脑瘫学生辅助技术支持方案制定的研究[D].重庆:重庆师范大学.

黄汝倩,2018.美国视力障碍学生扩展核心课程的经验与启示[J].现代特殊教育(高教),3:21-27.

蒋建荣,2012.特殊教育的辅具与康复[M].北京:北京大学出版社.

李欢,林佳英,2020.近二十年国际特殊教育辅助技术研究的演化路径分析[J].中国特殊教育,1:7-16.

李淑静,陈明聪,2020.辅助沟通系统服务提供者在特殊教育时间现况之调查[J].特殊教育学报,52:1-28.

刘志丽,许家成,2007.辅助技术:特殊教育发展值得关注的新趋势[J].中国康复理论与实践,13(4):334-336.

宋健,2019.关于特殊教育学校教师对于辅助技术的应用现状和认识的研究:以河南省为例[J].中文科技期刊数据库(全文版)教育科学,10(4):404-405.

孙月鹤,2007.我国特殊教育师资培养模式的演变[M].北京:北京师范大学.

吴婷芳,陈明聪,2000.我国特殊教育辅助技术政策之调查研究[J].特殊教育研究学刊,20:47-68.

肖非,2010.特殊教育导论(译)[M].北京:中国人民大学出版社.

肖菊英,勾柏频,汪静,等,2018.特殊教育教师辅助技术与知识技能现状调查:以贵州省七所特殊教育学校为例[J].中国教育技术装备,17:17-19.

肖菊英,杨双,汪静,2015.特殊教育学生辅助技术使用现状调查研究[J].四川职业技术学院学报,25(1):116-117.

肖菊英,2018.美国特殊教育教师辅助技术要求述评及启示[J].绥化学院学报,38(7):110-115.

张美雯,2002.特殊教育教师辅助性科技素养之研究[D].台北:台湾师范大学.

郑俭,许晓鸣,许家成,等,2007.论发展中国残疾人辅助技术高等教育的必要性[J].中国康复理论与实践,13(4):331-333.

郑俭,钟经华,2015.特殊儿童辅助技术[M].南京:南京师范大学出版社.

郑俭,2013.在特殊教育个别化教育计划中纳入辅助技术:基于SETT框架[J].中国康复理论与实践,19(5):421-425.

郑遥,2010.美国高等特殊教育专业学生辅助技术素养培养模式研究与启示[D].重庆:重庆师范大学.

朱图陵,金德闻,2006.辅助器具与辅助技术[J].中国康复医学杂志,21(3):252-254.

朱图陵,2017.康复工程与辅助技术的基本概念与展望[J].中国康复理论与实践,23(11):1330-1335.

AHMED A, 2018. Perceptions of using assistive technology for students with disabilities in the classroom[J]. International Journal of Special Education, 33(1):129-139.

AJUWON P M, MEEKS M K, 2016. Reflections of teachers of visually impaired students on their assistive technology competencies[J]. Journal of Visual Impairment & Blindness, 110(2):128-134.

ALANAZI A, 2020. Special education teachers' knowledge of using assistive technology with students with autism spectrum disorder[J]. Technium:Romanian Journal of Applied Sciences and Technology, 2(7):54-63.

ALKAHTANI K D, 2013. Teachers' knowledge and use of assistive technology for students with special educational needs[J]. Journal of Studies in Education, 3(2):65-86.

ALLMAN C B, LEWIS S, 2014. ECC essentials: Teaching the expanded core curriculum to students with visual impairments[M]. New York:AFB.

ALNAHDI G, 2014. Assistive technology in special education and the universal design for learning[J]. Turkish Online Journal of Educational Technology, 13(2):18-23.

AN H Y, KIM J H, JEONG D H, etal, 2014. Korean Assistive Technology Satisfaction Assessment Tool Development[J]. Korean Journal of Occupational Therapy, 22(2):113-124.

BAIN B K, LEGER D, 1997. Assistive technology: An interdisciplinary approach[M]. New York: Churchill Livingstone.

BAUSCH M E, HASSELBRING T S, 2004. Assistive technology:Are the necessary skills and knowledge being developed at the preservice and inservice levels[J]. Teacher Education and Special Education, 27:97-104.

BEST S J, HELLER K W, BIGGE J L, 2010. Teaching individuals with physical or multiple disabilities[M]. London:Pearson.

BLACKHURST A E, 2005. Perspectives on applications of technology in the field of learning disabilities[J]. Learning Disability Quarterly, 28(2):175-178.

BLACKHURST A E, LAHM E A, 2000. Foundations of technology and exceptionality. Technology and Exceptional Individuals[M]. Austin, TX:Pro-Ed.

BLAIR M E, 2006. U.S. education policy and assistive technology:administrative implementation[J].

The Asia - Pacific Journal of Inclusive Education, 3:103 - 126.

BRYANT D P, BRYANT B R, 2011. Assistive technology for people with disabilities[M]. London: Pearson Higher Ed.

BURGOS B B, 2015. A study of assistive technology competencies of specialistsin public schools[D]. Fort Lauderdale:Nova Southeastern University.

CAMPBELL D M, 2000. Views on Assistive Technology[D]. Massachusetts:Amherst University.

CHUNG J J, LEE Y D N, KIM Y E, etal, 2019. Preliminary Survey on Educational Welfare Supportfor Students with Disabilities[M]. Chungcheongnam - do:National Institute of Special Education.

COOK A M, HUSSEY S M, 2002. Assistive technologies:Principles and practice[M]. Saint Louis, MO:Mosby.

COPLEY J, ZIVIANI J, 2004. Barriers to the use of assistive technology for children with multiple disabilities[J]. Occupational Therapy International, 11(4):229 - 243.

DALTON E M, ROUSH S E, 2010. Assistive and educational technology standards and teacher competencies in relation to evidence - based practice:Identification and classification of the literature[J]. Journal of Special Education Technology, 25(2):13 - 30.

EDYBURN D L, 2007. Technological enhanced reading performance:Defining a research agenda[J]. Reading Research Quarterly, 42(1):146 - 152.

ERDEM R, 2017. Students with special educational needs and assistive technologies: A literature review[J]. Turkish Online Journal of Educational Technology, 16(1):128 - 146.

FLANAGAN S, BOUCK E C, RICHARDSON J, 2013. Middle school special education teachers' perceptions and use of assistive technology in literacy instruction[J]. Assistive Technology, 25(1): 24 - 30.

GUSTAFSON G S, 2006. The assistive technology skills, knowledge, and professional development needs of special educators in southwestern Virginia[D]. London:Longwood College.

HAGER R M, SMITH D, 2003. The public schools special education system as an assistive technology funding source:The cutting edge[M]. Washington DC:Neighborhood Legal Services.

HAN K I, 2020. A Case Study of Customized Assistive Technology Service at the Bridge School in the USA[J]. Korean Journal of Physical, Multiple and Health Disabilities, 63(3):1 - 34.

JEONG D H, 2013. A Study on the Status and Needs of Assistive Technology Training Program in Educators for Special School[J]. Journal of Special Education and Rehabilition Science, 52(3):61 - 79.

JEONG D H, 2018. Analysis of the Actual Conditions and Needs of Assistive Technology Support by Special Educational Institutions[J]. Journal of Special Education for Curriculum and Instruction, 11 (3):95 - 114.

JOHNSTON L, BEARD L A, CARPENTER L B, 2007. Assistive Technology:Access of all students [M]. Upper Saddle River:Merrill Prentice Hall.

JUNG K H, SONG B S, 2020. Basic Study for Development of a Teacher's Manual to Educational Assistive Technology Devices in Special Education Settings[J]. Journal of Rehabilitation Welfare Engineering & Assistive Technology, 14(3):230-237.

KELLY S M, 2011. The use of assistive technology by high school students with visual impairments: A second look at the current problem[J]. Journal of Visual Impairment & Blindness, 105(4):235-239.

KIM J H, PARK J K, KIM, J H, etal, 2015. Students with Physical Disabilities in Special Education Schools and Special Education Teachers' Awareness[J]. Journal of Educational Innovation Research, 25(2):173-192.

KIM N J, KIM Y W, 2015. Special Education Technology[M]. Seoul: Hakjisa.

KIM Y G, KIM Y W, 2003. A Study on the Teacher's Perceptionin Using Assistive Technology[J]. Journal of Special Education:Theory and Practice, 4(4):281-301.

KIM Y G, KIM Y W, 2006. A Study on the Survey of Environment and Delivery System of Assistive Technology in Special School[J]. Journal of Special Education, 13(1):3-26.

KING T W, 1999. Assistive technology: Essential human factors[M]. Boston: Allyn and Bacon.

LAHM E A, NICKELS B L, 1999. Assistive technology competencies for special educators teaching. Exceptional Children, 32(1):56-63.

LAMOND B, CUNNINGHAM T, 2020. Understanding teacher perceptions of assistive technology[J]. Journal of Special Education Technology, 35(2):97-108.

LEE G M, LEE S Y, 2014. A Study on Model of Vocational Assistive Technology Center:for specialists depth interviews at the department of assistive technology[J]. Disability and Employment, 24(2):165-192.

LEE H, CELIA J S, 2017. Perspectives of Teachers on the Use of Assistive Technology with Students with Disabilities[J]. Journal of Special Education & Rehabilitation Science, 56(4):357-377.

LEE S W, KWON H C, 2015. Research Literature in Assistive Technology for Field of Occupational Therapy by Using a Journal of Korean Society of Occupational Therapy[J]. Journal of Special Education & Rehabilitation Science, 54(4):121-137.

LEE Y, VEGA L A. 2005. Perceived knowledge, attitudes, and challenges of AT use in special education[J]. Journal of Special Education Technology, 20(2):60-62.

LONG T M, WOOLVERTON M, PERRY D F, etal, 2007. Training needs of pediatric occupational therapists in assistive technology[J]. American Journal of Occupational Therapy, 61(3):345-354.

MARTILLA J A, JAMES J C, 1977. Importance-performance analysis[J]. Journal of Marketing, 41(1):77-79.

MARTINUSSEN M, ADOLFSEN F, LAURITZEN C, etal, 2012. Improving interprofessional collaboration in a community setting: Relationships with burnout, engagement and service quality[J]. Journal of Interprofessional Care, 26(3):219-225.

MCNEAR D, FARRENKOPF C, 2014. Assistive technology[J]. ECC Essentials: Teaching the expanded core curriculum to students with visual impairments, 187-247.

MUNDY M A, KUPCZYNSKI L, KEE R, 2012. Teacher's perceptions of technology use in the schools[J]. Sage Open, 2(1):1-8.

PARK H O, KIM J H, 2007. The Role of Assistive Technology in Integrated Education[J]. The Korean Journal of Visual Impairment, 23(1):133-145.

PETCU S D, YELL M, FLETCHER T, 2014. Assistive technology:Legislation and legal issues[J]. Exceptionality, 22(4):226-236.

RODRIGUEZ K F R, ABOCEJO F T, 2018. Competence visavis performance of special education preservice teachers[J]. European Academic Research, 6(7):3474-3498.

RYU H. Study of Analysis on Assistive Technology Competencies of Teachers in Schools for the Visually Impaired and Improvement of Assistive Technology Service[D]. Daegu:Daegu University, 2016.

RYU H, KIM J H, LEE H G, 2016. A Study of Analysis on Assistive Technology Competencies of Teachers in Schools for the Visually Impaired[J]. Journal of Special Education and Rehabilitation Science, 55(4):81-106.

RYU H, LEE H G, LEE S Y, 2017. Comparison of AT Competencies between Teachers of Students with Visual impairments in Korea and US[J]. Journal of Special Education and Rehabilitation Science, 55(3):83-102.

SAH P K, 2013. Assistive technology competencies:Need, outlook, and prospects(with reference to special educators for children with visual impairment)[J]. European Academic Research, 8(1):2268-2280.

SMITH D W, KELLEY P, MAUSHAK N J, etal, 2009. Assistive technology competencies for teachers of students with visual impairments[J]. Journal of Visual Impairment and Blindness, 103(8):457-469.

SONG J, 2018. A Study on Perceptions and Actual Utilization about Assistive Technology of Special Education School Teachers in China[D]. Jeonju:Woosuk University.

SONG J, CHUNG J J, 2020. An Analysis of Research Trends to Assistive Technology with Visual Impairments[J]. The Korean Journal of Visual Impairment, 36(1):79-103.

WILE D, 1996. Why doers do[J]. Performance and instruction, 35(2):30-35.

WONG M E, COHEN L, 2011. School, family and other influences on assistive technology use:Access and challenges for students with visual impairment in Singapore[J]. British Journal of Visual Impairment, 29(2):130-144.

WONG M E, LAW J S, 2016. Practices of assistive technology implementation and facilitation:Experiences of teachers of students with visual impairments in Singapore[J]. Journal of Visual Impairment & Blindness, 110(3):195-200.

YANG H K, PARK W H, 2011. An Analytical Study on Assistive Technology Competencies for Special Educators of Students with Physical Disabilities[J]. Korean Journal of Physical, Multiple, and Health Disabilities, 54(1): 109-125.

ZHOU L, AJUWON P M, SMITH D W, etal, 2012. Assistive technology competencies for teachers of students with visual impairments: A national study[J]. Journal of Visual Impairment and Blindness, 106(10): 656-665.

ZHOU L, SMITH D W, PARKER A T, etal, 2011. Assistive technology competencies of teachers of students with visual impairments: A comparison of perceptions[J]. Journal of Visual Impairment and Blindness, 105(9): 533-547.

附录1　特殊教育教师辅助技术专业能力基本情况调查问卷

> 尊敬的特殊教育教师：
>
> 　　您好！
>
> 　　本研究为了了解特殊教育教师辅助技术专业能力基本情况，如果您在教学或者其他场合有使用辅助技术的经验，烦请您填写此调查问卷。您的答案没有对错之分，请您根据自己的实际情况如实填写，在符合的选项中打上"√"。本调查问卷采用匿名形式发放，不会对您产生任何不利影响。衷心感谢您对我们工作的支持！
>
> 铜仁学院　教育学院　特殊教育系
宋　健　敬上

辅助技术：包括辅助技术装置和辅助技术服务。辅助技术装置是指用于提高和维持残疾人身体功能的设备或装置。辅助技术服务是指协助残疾人选择、购买或使用辅助技术装置时提供的服务，包括相关的支持模式。

辅助技术专业能力：包括辅助技术相关知识和技能，是指特殊教育教师能够有效地指导残疾学生使用辅助技术。本研究里辅助技术专业能力包含基础知识、教学策略、学习环境、教学设计、评估、专业发展和合作。

第一部分　基本信息

1. 您的性别：

(1)男□

(2)女□

2. 您的年龄：

(1)21～30岁□

(2)31～40岁□

(3)41～50岁□

(4)50岁以上□

3. 您的教龄:

(1) 1~10 年 □

(2) 11~20 年 □

(3) 20 年以上 □

4. 您的学历:

(1) 专科毕业 □

(2) 本科毕业 □

(3) 研究生毕业 □

5. 您的教师资格证类型:

(1) 特殊教育教师资格证 □

(2) 普通教师资格证 □

6. 您主要任教班级学生障碍类型:

(1) 视觉障碍 □

(2) 听觉障碍 □

(3) 智力障碍 □

(4) 肢体障碍 □

(5) 孤独症 □

(6) 其他 (　　　)

7. 您是否有过辅助技术培训经验?

(1) 有 □

(2) 没有 □

第二部分　正式问卷

正式问卷分为两部分,一部分(左边)是辅助技术专业能力重要度基本情况,另一部分(右边)是辅助技术专业能力实施度基本情况。

辅助技术专业能力重要度:指辅助技术专业能力相关题项的重要程度;

辅助技术专业能力实施度:指辅助技术专业能力相关题项的实施程度。

	①	②	③	④	⑤
重要度	非常不重要	不重要	一般	重要	非常重要
实施度	完全不是这样	不是这样	一般	是这样	完全是这样

举例:在教学策略维度中认为"根据残疾学生的需求,收集辅助技术资料和修改教学计划的策略"这一题项非常重要的同时,在实施过程中也是这样的情况。

重要度					教学策略	实施度				
①	②	③	④	⑤		①	②	③	④	⑤
			✓		根据残疾学生的需求,收集辅助技术资料和修改教学计划的策略				✓	

一、基础知识

重要度					基础知识	实施度				
①	②	③	④	⑤		①	②	③	④	⑤
					1. 残疾人辅助技术的发展史					
					2. 与辅助技术相关的政策法规					
					3. 辅助技术装置与辅助技术服务的定义					
					4. 提供辅助技术服务所需的文件					
					5. 低端技术与高端技术之间的差异					
					6. 辅助技术装置购入时相关的政策法规					
					7. 辅助技术与职业教育相关的知识					
					8. 辅助技术与通用学习设计相关的知识					

二、教学策略

重要度					教学策略	实施度				
①	②	③	④	⑤		①	②	③	④	⑤
					9. 为了辅助技术装置的使用,了解与安装相关的基本概念					
					10. 与辅助技术装置管理相关的基本概念与教学策略					
					11. 使用辅助技术装置发生问题时,解决问题的教学策略					
					12. 作为转衔教育的一部分,与就业相关辅助技术的教学策略					

续表

重要度					教学策略	实施度				
①	②	③	④	⑤		①	②	③	④	⑤
					13.指导获得辅助技术装置与辅助技术服务的教学策略					
					14.根据不同年龄段残疾学生的概念发展和运动能力而选用不同辅助技术的教学策略					
					15.制订辅助技术使用教学计划的策略					
					16.考虑残疾学生是否存在多重障碍,具有指导辅助技术的能力					
					17.根据学生的规模指导辅助技术的策略					
					18.根据残疾学生的需求,收集辅助技术资料和修改教学计划的策略					

三、学习环境

重要度					学习环境	实施度				
①	②	③	④	⑤		①	②	③	④	⑤
					19.在特定的学习环境中,评估与促进辅助技术使用的能力					
					20.根据残疾学生不同的需求,营造指导辅助技术环境的能力					
					21.在不同的环境中使用辅助技术时,指导适合的社会技能的能力					
					22.在最小限制环境及不同的场所中,能够使用辅助技术的知识					
					23.使用辅助技术使残疾学生融入普通学校的相关策略					

续表

重要度					学习环境	实施度				
①	②	③	④	⑤		①	②	③	④	⑤
					24.擅长借助辅助技术来营造课堂环境					
					25.不同环境下选用辅助技术的合适使用方法					
					26.携带型辅助技术装置所需要的环境及相关局限性					

四、教学设计

重要度					教学设计	实施度				
①	②	③	④	⑤		①	②	③	④	⑤
					27.根据残疾学生的不同情况,制订适合他们的辅助技术教学设计					
					28.根据评估的需求,制订适合他们的辅助技术教学设计					
					29.为了制订有效的辅助技术指导计划,具备管理时间与人员的能力					
					30.在教学设计中阐述与辅助技术有关的目标					
					31.必要时在原始方法之外,通过其他方法使用辅助技术					
					32.为了评估学生使用辅助技术的能力,记录与分析数据的方法					
					33.制订教学设计时研究辅助技术及其应用的知识					
					34.在教学设计中如何融入使用辅助技术的知识					

附录1 特殊教育教师辅助技术专业能力基本情况调查问卷

五、评估

重要度					评估	实施度				
①	②	③	④	⑤		①	②	③	④	⑤
					35.根据不同年级、不同年龄的残疾学生,进行辅助技术评估的能力					
					36.分析评估结果和编写评估报告书的能力					
					37.在个别化教育计划中,评估使用辅助技术装置目标的能力					
					38.使用辅助技术后,评估残疾学生独立性的能力					
					39.指导辅助技术后,评估残疾学生理解程度的能力					
					40.评估辅助技术装置效果的能力					

六、专业发展

重要度					专业发展	实施度				
①	②	③	④	⑤		①	②	③	④	⑤
					41.为了增强辅助技术的专业性,了解关于筹措资金的知识					
					42.为了支持残疾人辅助技术,了解相关社区或国家部门的信息					
					43.与辅助技术组织或协会相关的信息					
					44.与辅助技术开发商或供应商相关的信息					
					45.与社区或者国家运营的辅助技术消费者团体组织相关的信息					
					46.通过相关组织对于辅助技术的支持,解决残疾学生家庭困难的能力					

续表

重要度					专业发展	实施度				
①	②	③	④	⑤		①	②	③	④	⑤
					47.为了辅助技术服务的持续发展,参与增强专业性活动的能力					
					48.为了获得辅助技术相关的信息,了解期刊或者访问网站的能力					
					49.为了确保辅助技术的专业性,提高了解相关技术的能力					
					50.根据辅助技术服务的运用成效,评估残疾学生的态度并反映实际情况的能力					

七、合作

重要度					合作	实施度				
①	②	③	④	⑤		①	②	③	④	⑤
					51.针对残疾学生的教育需求,参与多学科评估小组的能力					
					52.为了辅助技术的教学指导计划的制订,参与多学科小组的能力					
					53.与辅助技术专家或教育专家合作的能力					
					54.对于购买辅助技术装置,与其负责人员相互合作的能力					
					55.为了使用与指导适合的辅助技术,与相关服务人员共同决策的能力					
					56.实施转衔教育时,确定辅助技术的需求以及与职业康复人员相互合作的能力					
					57.为了残疾学生能够使用一般的教育技术,与普通教师相互合作的能力					

续表

重要度					合作	实施度				
①	②	③	④	⑤		①	②	③	④	⑤
					58.与从事各种残疾类型辅助技术工作的专家进行有效沟通的能力					
					59.向学生周围人群(父母、普通教师、辅助教师)说明辅助技术装置使用与管理方法的能力					
					60.向相关机构负责人阐述残疾学生辅助技术需求的能力					

问卷到此全部结束,非常感谢您的参与!

附录 2　辅助技术专业能力内容效度调查

①	②	③	④	⑤
完全不合适	不合适	一般	合适	非常合适

题项	内容	①	②	③	④	⑤
	基础知识					
1	残疾人辅助技术的发展史					
2	与辅助技术相关的政策法规					
3	辅助技术装置与辅助技术服务的定义					
4	提供辅助技术服务所需的文件					
5	低端技术与高端技术之间的差异					
6	辅助技术装置购入时相关的政策法规					
7	辅助技术与职业教育相关的知识					
8	辅助技术与通用学习设计相关的知识					
	教学策略					
9	为了辅助技术装置的使用,了解与安装相关的基本概念					
10	与辅助技术装置管理相关的基本概念与教学策略					
11	使用辅助技术装置发生问题时,解决问题的教学策略					
12	作为转衔教育的一部分,与就业相关辅助技术的教学策略					
13	指导获得辅助技术装置与辅助技术服务的教学策略					
14	根据不同年龄段残疾学生的概念发展和运动能力而选用不同辅助技术的教学策略					
15	制订辅助技术使用教学计划的策略					
16	考虑残疾学生是否存在多重障碍,具有指导辅助技术的能力					
17	根据学生的规模指导辅助技术的策略					
18	根据残疾学生的需求,收集辅助技术资料和修改教学计划的策略					

续表

题项	内容	①	②	③	④	⑤
	学习环境					
19	在特定的学习环境中,评估与促进辅助技术使用的能力					
20	根据残疾学生不同的需求,营造指导辅助技术环境的能力					
21	在不同的环境中使用辅助技术时,指导适合的社会技能的能力					
22	在最小限制环境及不同的场所中,能够使用辅助技术的知识					
23	使用辅助技术使残疾学生融入普通学校的相关策略					
24	擅长借助辅助技术来营造课堂环境能力					
25	不同环境下选用辅助技术的合适使用方法					
26	携带型辅助技术装置所需要的环境及相关局限性					
	教学设计					
27	根据残疾学生的不同情况,制订适合他们的辅助技术教学设计					
28	根据评估的需求,制订适合他们的辅助技术教学设计					
29	为了制订有效的辅助技术指导计划,具备管理时间与人员的能力					
30	在教学设计中阐述与辅助技术有关的目标					
31	必要时在原始方法之外,通过其他方法使用辅助技术					
32	为了评估学生使用辅助技术的能力,记录与分析数据的方法					
33	制订教学设计时研究辅助技术及其应用的知识					
34	在教学设计中如何融入使用辅助技术的知识					
	评估					
35	根据不同年级、不同年龄的残疾学生,进行辅助技术评估的能力					
36	分析评估结果和编写评估报告书的能力					
37	在个别化教育计划中,评估使用辅助技术装置目标的能力					
38	使用辅助技术后,评估残疾学生独立性的能力					
39	指导辅助技术后,评估残疾学生理解程度的能力					
40	评估辅助技术装置效果的能力					

续表

附录2 辅助技术专业能力内容效度调查

题项	内容	①	②	③	④	⑤
专业发展						
41	为了增强辅助技术的专业性,了解关于筹措资金的知识					
42	为了支持残疾人辅助技术,了解相关社区或国家部门的信息					
43	与辅助技术组织或协会相关的信息					
44	与辅助技术开发商或供应商相关的信息					
45	与社区或者国家运营的辅助技术消费者团体组织相关的信息					
46	通过相关组织对于辅助技术的支持,解决残疾学生家庭困难的能力					
47	为了辅助技术服务的持续发展,参与增强专业性活动的能力					
48	为了获得辅助技术相关的信息,了解期刊或者访问网站的能力					
49	为了确保辅助技术的专业性,提高了解相关技术的能力					
50	根据辅助技术服务的运用成效,评估残疾学生的态度并反映实际情况的能力					
合作						
51	针对残疾学生的教育需求,参与多学科评估小组的能力					
52	为了辅助技术的教学指导计划的制订,参与多学科小组的能力					
53	与辅助技术专家或教育专家合作的能力					
54	对于购买辅助技术装置,与其负责人员相互合作的能力					
55	为了使用与指导适合的辅助技术,与相关服务人员共同决策的能力					
56	实施转衔教育时,确定辅助技术的需求以及与职业康复人员相互合作的能力					
57	为了残疾学生能够使用一般的教育技术,与普通教师相互合作的能力					

续表

题项	内容	①	②	③	④	⑤
58	与从事各种残疾类型辅助技术工作的专家进行有效沟通的能力					
59	向学生周围人群（父母、普通教师、辅助教师）说明辅助技术装置使用与管理方法的能力					
60	向相关机构负责人阐述残疾学生辅助技术需求的能力					

附录3 《特殊教育教师专业标准（试行）》内容

一、基本理念

维度	基本要求
师德为先	热爱特殊教育事业，具有职业理想，践行社会主义核心价值观，履行教师职业道德规范，依法执教。具有人道主义精神，关爱残疾学生（以下简称学生），尊重学生人格，富有爱心、责任心、耐心、细心和恒心；为人师表，教书育人，自尊自律，公平公正，以人格魅力和学识魅力教育感染学生，做学生健康成长的指导者和引路人
学生为本	尊重学生权益，以学生为主体，充分调动和发挥学生的主动性；遵循学生的身心发展特点和特殊教育教学规律，为每一位学生提供合适的教育，最大限度地开发潜能、补偿缺陷，促进学生全面发展，为学生更好地适应社会和融入社会奠定基础
能力为重	将学科知识、特殊教育理论与实践有机结合，突出特殊教育实践能力；研究学生，遵循学生成长规律，因材施教，提升特殊教育教学的专业化水平；坚持实践、反思、再实践、再反思，不断提高专业能力
终身学习	学习先进的教育理论，了解国内外特殊教育改革与发展的经验和做法；优化知识结构，提高文化素养；具有终身学习与持续发展的意识和能力，做终身学习的典范

二、基本内容

维度	领域	基本要求
专业理念与师德	职业理解与认识	1.贯彻党和国家教育方针政策，遵守教育法律法规。 2.理解特殊教育工作的意义，热爱特殊教育事业，具有职业理想和敬业精神。 3.认同特殊教育教师职业的专业性、独特性和复杂性，注重自身专业发展。 4.具有良好的职业道德修养和人道主义精神，为人师表。 5.具有良好的团队合作精神，积极开展协作交流

续表

维度	领域	基本要求
专业理念与师德	对学生的态度与行为	6.关爱学生,将保护学生生命安全放在首位,重视学生的身心健康发展。 7.平等对待每一位学生,尊重学生人格尊严,维护学生合法权益。不歧视、讽刺、挖苦学生,不体罚或变相体罚学生。 8.理解残疾是人类多样性的一种表现,尊重个体差异,主动了解和满足学生身心发展的特殊需要。 9.引导学生正确认识和对待残疾,自尊自信、自强自立。 10.对学生始终抱有积极的期望,坚信每一位学生都能成功,积极创造条件,促进学生健康快乐成长
	教育教学的态度与行为	11.树立德育为先、育人为本、能力为重的理念,将学生的品德养成、知识学习与能力发展相结合,潜能开发与缺陷补偿相结合,提高学生的综合素质。 12.尊重特殊教育规律和学生身心发展特点,为每一位学生提供合适的教育。 13.激发并保护学生的好奇心和自信心,引导学生体验学习乐趣,培养学生的动手能力和探究精神。 14.重视生活经验在学生成长中的作用,注重教育教学、康复训练与生活实践的整合。 15.重视学校与家庭、社区的合作,综合利用各种资源。 16.尊重和发挥好少先队、共青团组织的教育引导作用
	个人修养与行为	17.富有爱心、责任心、耐心、细心和恒心。 18.乐观向上、热情开朗、有亲和力。 19.具有良好的耐挫力,善于自我调适,保持平和心态。 20.勤于学习,积极实践,不断进取。 21.衣着整洁得体,语言规范健康,举止文明礼貌

续表

维度	领域	基本要求
专业知识	学生发展知识	22.了解关于学生生存、发展和保护的有关法律法规及政策。 23.了解学生身心发展的特殊性与普遍性规律,掌握学生残疾类型、原因、程度、发展水平、发展速度等方面的个体差异及教育的策略和方法。 24.了解对学生进行青春期教育的知识和方法。 25.掌握针对学生可能出现的各种侵犯与伤害行为、意外事故和危险情况下的危机干预、安全防护与救助的基本知识与方法。 26.了解学生安置和不同教育阶段衔接的知识,掌握帮助学生顺利过渡的方法
	学科知识	27.掌握所教学科知识体系的基本内容、基本思想和方法。 28.了解所教学科与其他学科及社会生活的联系
	教育教学知识	29.掌握特殊教育教学基本理论,了解康复训练的基本知识与方法。 30.掌握特殊教育评估的知识与方法。 31.掌握学生品德心理和教学心理的基本原理和方法。 32.掌握所教学科的课程标准以及基于标准的教学调整策略与方法。 33.掌握在学科教学中整合情感态度、社会交往与生活技能的策略与方法。 34.了解学生语言发展的特点,熟悉促进学生语言发展、沟通交流的策略与方法
	通识性知识	35.具有相应的自然科学和人文社会科学知识。 36.了解教育事业和残疾人事业发展的基本情况。 37.具有相应的艺术欣赏与表现知识。 38.具有适应教育内容、教学手段和方法现代化的信息技术知识
专业能力	环境创设与利用	39.创设安全、平等、适宜、全纳的学习环境,支持和促进学生的学习和发展。 40.建立良好的师生关系,帮助学生建立良好的同伴关系。 41.有效运用班级和课堂教学管理策略,建立班级秩序与规则,创设良好的班级氛围。 42.合理利用资源,为学生提供和制作适合的教具、辅具和学习材料,支持学生有效学习。 43.运用积极行为支持等不同管理策略,妥善预防、干预学生的问题行为

续表

维度	领域	基本要求
专业能力	教育教学设计	44.运用合适的评估工具和评估方法，综合评估学生的特殊教育需要。 45.根据教育评估结果和课程内容，制订学生个别化教育计划。 46.根据课程和学生身心特点，合理地调整教学目标和教学内容，编写个别化教学活动方案。 47.合理设计主题鲜明、丰富多彩的班级、少先队和共青团等群团活动
	组织与实施	48.根据学生已有的知识和经验，创设适宜的学习环境和氛围，激发学生学习的兴趣和积极性。 49.根据学生的特殊需要，选择合适的教学策略与方法，有效实施教学。 50.运用课程统整策略，整合多学科、多领域的知识与技能。 51.合理安排每日活动，促进教育教学、康复训练与生活实践紧密结合。 52.整合应用现代教育技术及辅助技术，支持学生的学习。 53.协助相关专业人员，对学生进行必要的康复训练。 54.积极为学生提供必要的生涯规划和职业指导教育，培养学生的职业技能和就业能力。 55.正确使用普通话和国家推行的盲文、手语进行教学，规范书写钢笔字、粉笔字、毛笔字。 56.妥善应对突发事件
	激励与评价	57.对学生日常表现进行观察与判断，及时发现和赏识每一位学生的点滴进步。 58.灵活运用多元评价方法和调整策略，多视角、全过程评价学生的发展情况。 59.引导学生进行积极的自我评价。 60.利用评价结果，及时调整和改进教育教学工作
	沟通与合作	61.运用恰当的沟通策略和辅助技术进行有效沟通，促进学生参与、互动与合作。 62.与家长进行有效沟通合作，开展教育咨询、送教上门等服务。 63.与同事及其他专业人员合作交流，分享经验和资源，共同发展。 64.与普通教育工作者合作，指导、实施随班就读工作。 65.协助学校与社区建立良好的合作互助关系，促进学生的社区融合

续表

维度	领域	基本要求
专业能力	反思与发展	66.主动收集分析特殊教育相关信息,不断进行反思,改进教育教学工作。 67.针对特殊教育教学工作中的现实需要与问题,进行教育教学研究,积极开展教学改革。 68.结合特殊教育事业发展需要,制订专业发展规划,积极参加专业培训,不断提高自身专业素质

三、实施意见

各级教育行政部门要将本标准作为特殊教育教师队伍建设的基本依据。
根据特殊教育改革发展的需要,充分发挥本标准的引领和导向作用,深化教师教育改革,建立教师教育质量保障体系,不断提高特殊教育教师培养培训质量。
制定特殊教育教师专业证书制度和准入标准,严把教师入口关。
制定特殊教育教师聘任(聘用)、考核、退出等管理制度,保障教师合法权益,形成科学有效的特殊教育教师队伍管理和督导机制

开展特殊教育教师教育的院校要将本标准作为特殊教育教师培养培训的主要依据。
重视特殊教育教师职业特点,加强特殊教育学科和专业建设。
完善特殊教育教师培养培训方案,科学设置教师教育课程,改革教育教学方式。
重视特殊教育教师职业道德教育,重视社会实践和教育实习。
加强特殊教育师资队伍建设,建立科学的质量评价制度

实施特殊教育的学校(机构)要将本标准作为教师管理的重要依据。
制订特殊教育教师专业发展规划,注重教师职业理想与职业道德教育,增强教师教书育人的责任感与使命感。
开展校本研修,促进教师专业发展。
完善教师岗位职责和考核评价制度,健全特殊教育教师绩效管理机制

特殊教育教师要将本标准作为自身专业发展的基本依据。
制订自我专业发展规划,爱岗敬业,增强专业发展自觉性。
大胆开展教育教学实践,不断创新。
积极进行自我评价,主动参加教师培训和自主研修,逐步提升专业发展水平

附录4　辅具的适配案例

视觉障碍儿童辅具的适配案例

案例一：

陈某，男，13岁，北京市盲人学校小学五年级儿童。

眼病：双眼先天性白内障，术后无晶体眼。

视力：右眼0.02，左眼0.01；矫正后未提高。

视野：色觉、对比敏感度正常。

病情稳定，近年视力无明显变化。

需求：以盲文为学习工具，希望能学习汉字；家校相距遥远且家长很忙，希望能看路标、站牌，独自乘车往返家校。

根据其眼部情况和需求，为其验配手持电子助视器用于阅读，借助助视器能顺利阅读小五号字，黑底白字模式最舒适；验配8倍单筒望远镜用于看远，助视力达0.4，经过训练，目前已能熟练使用。该生目前已自学了百余汉字，并已实现独立往返家校。

案例二：

于某，女，17岁，北京市盲人学校职教儿童。

眼病：白化病。

视力：右眼0.1，左眼0.08；矫正后未提高。

视野、色觉正常，眩光对比敏感度低。

病情稳定，近年视力无明显变化。

需求：以汉字为学习工具，希望能看清小字及结构复杂的字以及黑板、路牌等远处的东西。

根据其眼部情况和需求，为其验配6倍手持放大镜1个，用于看小字和结构复杂的字；6倍单筒望远镜1个，用于看远处；滤光镜1个，用于解决畏光症状，并改善其眩光对比敏感度。目前已解决其看远、看近的困难和畏光情况。

听觉障碍儿童辅具的适配案例

儿童描述：吴某，男，12岁，患有感音神经性听觉障碍，佩戴瑞声达CANTA780助听器10年，曾经在苏州某聋哑学校语训班接受语训，语训效果不错，能基本流畅地与人进行交流，目前在西宁某小学上六年级。

适配原因:所使用助听器年限较长,无法满足其成长后各项能力提升的需求,如在复杂环境下的使用交流,需更新助听器以改善在教室、操场,甚至马路上等嘈杂环境下的使用效果。

(一)纯音听力测试

首先要对吴某现有听力进行纯音测试,得到其真实的听力损失情况。纯音听力测试图是正确验配助听器的主要依据,可依据它选择合适的助听器,调整助听器的频响曲线,使整个言语频率得到针对性地补偿;调整助听器的输出放大状态,以在保护听觉障碍儿童宝贵的剩余听力的同时,使其获得更好的听力补偿及康复状态。

(1)测试音:纯音;

(2)测试仪器:DA65听力计;

(3)测试地点:张工听力工作室测听室;

(4)测听室环境:小于30分贝的环境噪声。

受测的听觉障碍儿童是小学六年级儿童,年龄相对较大,理解能力好,主观判断能力较强,通过纯音听力测试图测得的结果可以看出他的听力损失程度,从而得知听力损失的性质、剩余听力情况。听力检测的范围在250~6000赫兹,而人的主要语言频响范围大约在300~3000赫兹。根据纯音听力测试图可知:吴某左耳听力损失在95分贝,右耳听力损失在100分贝,双耳均达到极重度听力损失。

(二)选择助听器

1.频率的选择

吴某的听力损失为极重度听觉障碍,根据该儿童的实际听力情况可以确定其需选择超大功能助听器。

2.功能的选择

(1)言语聚焦功能及降噪功能。

儿童在成长到一定程度后,小学教学环境改变,且儿童户外活动时间相对增长,对于儿童而言,助听器在复杂环境下的聚焦言语功能和降噪功能显得尤为重要,还可以有效提升儿童聆听语言的清晰度。

(2)高频重塑功能。

该儿童高频听力损失较重,且儿童对6000赫兹以上的频响听力完全丧失,这样会影响到该儿童对高频音节的捕捉能力,将丧失听力部分的高频音节进行频率转换至剩余听力范围放大,可有效提升儿童对高频音节的捕捉,从而提升言语可理解度。

(3)防啸叫功能。

对于高频听力损失较重的儿童,传统助听器在声音放大后,极易造成啸叫,而选择具有防啸叫功能的助听器可有效防止啸叫带来的烦恼。

(4)其他功能。

减少风对助听器造成的噪声。双耳同步功能可在不同环境下自动进行程度切换并保持同步以保证复杂环境下的使用效果。蓝牙功能可满足儿童对电话交流的需求,且双耳同时聆听电话,可提高其电话交流能力。

3. 最终品牌及型号选择

综合考虑以上两点,为吴某选择超大功率助听器,其最大增益可达 80 分贝,最大声输出可达 141 分贝,完全满足该儿童听力损失补偿的需求。

(三)耳模制作

因吴某听觉障碍为极重度,所以采用全耳式耳模,避免啸叫。其听力曲线表现为高频听力损失较重,所以在声学改进上采用喇叭孔、号角效应,有效地提高了高频输出,以增加言语清晰度。

(四)验配过程

将该儿童实际听力相关数值输入电脑验配软件,通过软件自动匹配并运算出该儿童各个频率的理论最佳放大值;通过佩戴助听器,该儿童调整、放大并确认音量达到其认为的最佳音量;该儿童感觉并表达其助听器音质是非常不错的,表现出愿意佩戴这款助听器;该儿童在马路嘈杂环境下交流并没有感觉到噪声对交流的影响;后通过 DA65 测听设备进行纯音测试(未出现啸叫的情况下,可直接使用测听耳机进行测试),其测试结果如图。

(五)后续跟踪

七天后的跟踪了解中,其母亲表示该儿童对家长的声音敏感度降低,家长让该儿童戴旧助听器,但儿童表现出不愿戴以前的助听器。这是因为对新的助听器的音质有一个熟悉的过程,这个过程可能需要半个月到六周左右的时间。

据二十天的跟踪了解到,其母亲表述说该儿童对声音的判断能力逐步提高,对从远处到他耳边的较轻的声音能有效地做出判断并说出声音的特征。佩戴效果逐步开始体现。

因该儿童处于外地,赠送给该儿童一个助听器编程器,这样一来若该儿童在外地出现问题时,可以为之提供远程电脑调试服务,调试可以随时通过网络进行,可使其避免长途奔波。

智力障碍儿童辅具的适配案例

该案例引自美国北卡罗来纳州立大学的琳达和贝丝的一个关于沟通障碍儿童日常生活适应的实验研究"应用沟通辅具在快餐店点餐的电脑技术教学",这个研究中的实验对象是三名 17 岁~21 岁的智力障碍个案。

(一)个案的基本资料

1. 凯西的基本资料

凯西,女,17 岁 11 个月,唐氏综合征儿童,中度智力障碍,经"斯坦福-比内智力测验(第四版)"测得智商为 50,听力轻微受损,并伴有甲状腺机能减退,能够阅读一些功能性的视觉词汇,包括与日历、烹饪、购物、个人信息等方面有关的符号和词汇,她对服饰、指甲油、衣服附加物等表现出浓厚的兴趣。最初,凯西尝试使用口头语的方式进行沟通,但是她说的话别人无法理解,并缺乏流畅性。她需要放慢说话的速度,学习如何在社区、家庭、餐馆、超市等场所寻求帮助或在紧急情况下提供个人信息。在快餐店点餐时,凯西需要依靠指的方式,或者服务员要将问题变为一般疑问句(只回答"是"或"不是")之后,再让凯西回答。

2.杰克逊的基本资料

杰克逊,男,20岁8个月,唐氏综合征患者,重度智力障碍,智商为36。与同龄人及同事互动时,表现得很安静和勉强,他在一家学前机构做清洁工作,能够独立地带钱去买东西。在沟通方面,他常常说一个词再加一些手势来表达,他曾经被鼓励在沟通中要与人进行目光接触、抬头、提高音量。他的沟通需要停留在一个话题上,请求帮助、使用单个词,以及使用一个系统增强口语能力。在快餐店用餐时,他会用点头或摇头的方式回答"是否"问题,在展示板上指出目标,或转向一个成人辅助他点餐。

3.克里斯的基本资料

克里斯,男,21岁4个月,唐氏综合征患者,中度智力障碍,经过"韦氏成人智力测验(第三版)"测得智商为50,左耳听力损伤,且佩戴助听器,他是一个可爱且英俊的男生,有很多朋友。他能够阅读生存类的词汇、杂货店购物词汇、洗手间标志,而且购物时能够采取讲价策略。一周有两到三天在当地的一家饭店工作,包括摆桌子、扫地、清洁浴室、清理垃圾。他有出色的社区技能,从学校去工作能够独立坐公交车。在独立性方面,班主任老师证明了他表现得很好。他经常用单个词语表达代替那些需要两三个词进行的表达,从而降低了其口语能力,而且这些单个词语表达不被人理解,因此他就会感觉到很失败,错误地开始或尝试着会话、喃喃自语,当与沟通需要不相称时就会显得很无助。在快餐店用餐时,他会指向展示板上,并伸出手指指着选相关的事物,例如,他伸出一个手指,意思就是选择一号套餐,即特大号三明治、半熟的法国烤鸡及温的饮料。

(二)沟通辅具的评估

通过对三名患者访谈、沟通辅具等方面的评估,发现:

(1)三名患者虽然都具有口语能力,但是说出的话不被人理解,因此可以使用辅助语音设备代替发音。

(2)三名患者在饮食上表现出显著的倾向。

(3)三名患者精细动作较好,可以通过辅助操作电脑。

(三)沟通辅具的计划设计

(1)运用沟通辅具的语音代替个案的发音。

(2)运用沟通辅具代替个案用指的方式表达自己的需要。

(3)增强对沟通辅具的操作能力。

(四)沟通辅具的使用

1.沟通辅具的选择

(1)膝上型电脑。

(2)摄影机。

(3)辅助沟通设计版面。

(4)搜集资料(个案的食物偏好、食物照片、影像资料)。

2. 沟通辅具的训练

这是一个模拟快餐店的情境教学。播放患者常去的快餐店的录像，服务员会问："您好！需要点餐吗？"接着通过辅助沟通系统的版面设计呈现出该快餐店可供选择的食物种类，患者浏览之后进行按键操作，选出自己想要的食物。克里斯选择了一份套餐，包括汉堡、半熟的法国烤鸡、温的可乐；访谈杰克逊和凯西父母时，他们的父母建议他们需要吃减肥食物。因此，在设计沟通版面时，这两名患者所能选择的套餐都是减肥类的，两名患者都选择了烤鸡三明治、水。点选后，辅助沟通系统会通过数字化的语音代替患者回答出与所选食物相匹配的句子。接着会听见服务员的声音："在这里吃还是带走？"患者需要通过辅助沟通系统回应服务员的问题，选择"在这吃"或"带走"之后服务员会说，"这个套餐的价格是××"，患者需要把正确数目的饭钱拿出来，服务员会说："谢谢！"

3. 沟通辅具的使用效果

(1)通过使用沟通辅具，患者的点餐时间比平时要短。

(2)沟通辅具的语音系统让患者感觉很开心，就像自己在表达一样。

4. 沟通辅具的建议

(1)实验教学证明了有沟通障碍的唐氏综合征患者是可以通过沟通辅具接受快餐店服务的。

(2)使用沟通辅具可以扩展到快餐店以外的其他情境。

(3)使用沟通辅具训练前，应该考虑患者的实际需要和兴趣。

脑瘫儿童辅具的适配案例

该案例引自陈明聪等几位老师合作的一篇报告"电脑辅助两个脑瘫儿童学习生活的案例"中的一个案例。

（一）个案的基本资料

小杰，男，脑性瘫痪患者，就读于某小学二年级，使用摆位轮椅代步，上半身肢体控制能力较差，手部控制也较差，无法独立握笔，也无法操作鼠标，做作业的时候需要别人协助握笔和运笔才能书写，能够表达简单的单字词，平时多以点头、摇头、举起左右手或指认的方式回答问题，阅读的时候，需要有人协助他拿着书和翻书，对自己感兴趣的事物能够表现出很强的学习动机，过去一年，他一直使用扫描式微电脑语音沟通板与家人进行互动。

（二）沟通辅具的评估

1. 需求评估

从对他的家人和老师的访谈中可以看出，他不具备口语表达能力，而且动作控制能力较差，经过一年的辅具训练，他已经能够使用两个按压式的单键开关，能够熟练运用扫描式的输入信息的方式，与家人进行日常生活需求的沟通。家人与老师希望他能够参与更多的学习活动。从观察的资料中可以看出，他在课堂上与老师或同学进行沟通时，会使用点头或摇头的方式；在家里做作业时，必须由家长辅助他握笔进行书写，速度为每分钟4～6个字。

2.辅助支持评估

根据"辅助性科技融入教学计划表"的评估结果,发现他主要的困难存在于阅读、书写作业、计算、沟通和考试。对活动的重要性、处理方式的有效性、学习动机等维度进行分析,需要提供的辅助支持度由高到低的项目依次是写作业、考试、阅读、沟通、计算。

3. 摆位与操作评估

根据"肢体障碍者电脑辅具评量表"的评估结果,发现他可以坐在轮椅上操作电脑,虽然双手的精细动作不佳,但手臂均能带动手掌进行移动和按压,左手比右手的活动范围大,自发性使用左手的次数比较多。

(三)沟通辅具的计划设计

(1)利用电脑科技辅具代替点头或摇头的沟通方式。

(2)增进学习的动机。

(3)达到能自己完成作业的目标。

(4)增加参与在校学习活动的机会。

(5)增加与老师或同学进行互动的次数,并提高互动的效率。

(四)沟通辅具的使用

1.沟通辅具的选择

(1)点选设备的选择。陈明聪等几位老师分别用圆形摇杆、一字按键、十字按键、单键开关组做实验,目的是观察哪些点选设备适合他。经过尝试,他使用一字按键和单键开关组的效果比较好。

(2)沟通辅具软件的选择。为了解决个案的书写问题,陈明聪等几位老师使用图文大师配合替代性的鼠标和按键使用。

2.沟通辅具的训练

陈明聪等几位老师让他练习用电脑书写,使用鼠标动作软件,让他先练习使用替代鼠标操作电脑。

(1)将鼠标移到目标区的训练。

(2)点选训练。

(3)陈明聪等将生字练习改编成电脑化教材,用替代鼠标选择所学的生字,从而代替手写。

3.沟通辅具的效果

(1)提高了他对学习活动的参与程度。

(2)通过使用沟通辅具,他能独立完成书写家庭作业。

(3)增进了他的学习兴趣,激发了他的学习动机。

(4)提高了他的阅读能力和阅读速度。

4.沟通辅具使用的建议

(1)配备沟通辅具之前应该考虑他的学习需要。

(2)操作部位与操作设备的评估是他能否顺利使用计算机的关键。

(3)调整课程和作业呈现方式是他能够训练成功的关键。

多重障碍儿童辅具的适配案例

(一)个案的基本资料

文兴,男,19岁,极重度多重障碍患者,就读于特殊学校高职三年级。他视听觉正常,没有慢性疾病,脊椎侧弯,双上肢严重挛缩,下肢轻微挛缩,可以自己走路,与同龄人相比,动作缓慢,认知能力一般,能够理解十个字以内的指令和句子,具有语言表达的能力,但是声音很小、细软,并且多伴有手势和动作与别人沟通,能够握笔书写自己的名字或画线条,在与人交往中,缺乏相应的社交技巧。

(二)沟通辅具的评估

通过对他进行辅助沟通系统的评估、知觉动作评估等,发现：

(1)他对只使用图片的学习动机不高。

(2)喜欢沟通板的声音回馈；

(3)会尝试着模仿沟通板的声音或说出来。

(4)他的站立和坐都有问题,左、右手的运动不够灵活。

(三)沟通辅具的计划设计

(1)减少恶作剧行为。

(2)增加有意义的沟通行为。

(3)清楚理解他的表达。

(4)增进课堂的参与度。

(5)提高日常生活的适应能力。

(6)增进在学校、家庭、社区环境中的人际互动。

(四)沟通辅具的使用

1.沟通辅具的选择。

(1)基本型微电脑语音沟通板。

(2)携带型微电脑语音沟通板。

(3)手持式微电脑语音沟通板。

2.沟通辅具的训练

(1)认识沟通辅具的构成及各部分的使用。

(2)学校环境沟通版面设计中需要的图片。

(3)社区环境沟通版面设计(购物)需要的图片。

(4)社会适应(坐车)沟通版面设计需要的图片。

第一步:请帮我拿出沟通板。

第二步:(通过语音沟通板表达)到花莲的票一张。

第三步:请问多少钱?

第四步:请帮我拿出钱。

第五步:谢谢!

3.沟通辅具的效果

(1)他使用了沟通辅具后,对于沟通有了自信,而且开始勇于表达。

(2)虽然不能进行完整的表达,但是使用沟通辅具有助于促进他尝试进行口语表达。

(3)语文课的老师表示他对参与学习活动有更强烈的动机,而且能够对更换的沟通版面上的目标对象进行准确的选择。

(4)班主任老师认为他在使用沟通辅具之后,确实减少了恶作剧行为,增加了与别人的沟通和交流。

4.沟通辅具使用的建议

(1)持续的智能评估有助于找出更合适的操作位置。

(2)如果能够详细记录他的作息活动,有助于做出更具功能的沟通版面。

(3)鼓励他的家长参与,效果会更好。

(4)为他找出更合适的沟通辅具,或对已有的设备进行改良,解决因为肢体障碍引发的操作限制。

(5)广泛地使用多种沟通方法和沟通策略。